„Meefischli“

Peter Wondrak · Horst Hansen

„Meefischli"

Die besten Fischrezepte Mainfränkischer Fischerfamilien

Herausgegeben vom Bezirk Unterfranken
in der Reihe: „Kostbares Unterfranken"

echter

Wondrak, Peter:
»Meefischli« : d. besten Fischrezepte
Mainfränk. Fischerfamilien / Peter Wondrak ;
Horst Hansen. Hrsg. vom Bezirk Unterfranken. –
Würzburg : Echter, 1987.
ISBN 3-429-01118-3

NE: Hansen, Horst:

Grafische Gestaltung und Fotos: Horst Hansen
Gesamtherstellung: Echter Würzburg,
Fränkische Gesellschaftsdruckerei und Verlag GmbH.
ISBN 3-429-01118-3

Inhalt

Mainfränkische Fischgerichte

Fische werden vor allem dort gegessen, wo sie regelmäßig und frisch erhältlich sind. Naturgemäß sind dies bei Seefischen die Küstenstreifen, bei Süßwasserfischen die Regionen entlang der Flüsse, Bäche und Seen. Eine Besonderheit sind die Gebiete mit traditioneller Teichwirtschaft. Unabhängig von natürlichen Gewässern haben sich hier eigenständige Gewohnheiten des Fischverzehrs entwickelt.
Auf rund 330 km Länge windet sich der Main durch Unterfranken. Ein Netz von kleineren und größeren Bächen und Flüssen durchströmt die Täler unserer Mittelgebirge.
Aale, Hechte, Karpfen, Schleien und viele Weißfischarten leben im Main. Wir finden diese Arten auch in den größeren Nebengewässern wie Fränkische Saale, Wern, Tauber und Sinn. Die kleineren Bäche und die Oberläufe der Flüsse sind Heimat der wertvollen Bachforelle und der Äsche.
Etwa 250 Fischereiberechtigte fischen im Main im Haupt- oder Nebenerwerb. Ihr Fang geht an Gaststätten oder an Stammkunden, die ihnen die Fische reißend abnehmen. Nach Jahren der Gewässerverschmutzung hat sich der Main erholt. Fische in ausgezeichneter Qualität sind wieder zu fangen.
Mit Ausnahme des Mains und Teilen der Fränkischen Saale werden die übrigen unterfränkischen Fließgewässer ausschließlich von Sportanglern bewirtschaftet. Etwa 15 000 Petrijünger versorgen ihre Familien selbst mit frischem Fisch.
Teichwirtschaft hat in Unterfranken Tradition. Deutschlands älteste Forellenzucht finden wir im Spessart, große und bedeutende Karpfenteichwirtschaften liegen im östlichen Unterfranken. Hier, zwischen Volkach und Geiselwind, beginnt der Steigerwald und mit ihm die besondere Beziehung der Menschen zum Karpfen. Karpfenteiche gehören zum Steigerwalddorf, Karpfen gebacken zur herbstlichen Speisekarte im Wirtshaus.
Unsere Flußfischer, Teichwirte und Sportangler wissen ein Fischgericht zu schätzen. Sie haben uns überlieferte und neue Fischrezepte aus ihrer persönlichen Küche übersandt.
Die Auswahl fiel schwer, sollten doch die Möglichkeiten, die Fisch in der heutigen Küche bietet, verdeutlicht werden.
Allen, die uns ein Rezept ihrer ganz persönlichen Fischküche überließen, sei herzlichst gedankt.

Peter Wondrak/Horst Hansen

Süßwasserfisch – ein zeitgemäßes Nahrungsmittel

Mit unserem Fischkochbuch möchten wir Ihren Appetit auf ein Fischgericht wecken. Wir sind davon überzeugt, daß Fisch wirklich so gesund ist wie sein Ruf. Im Gegensatz zum Fleisch ist Fisch auf dem besten Wege, geradezu ein Maßstab für gesunde Lebensweise zu werden. Selbst die sogenannten »fetten« Fische enthalten in ihrem Fleisch höchstens 15 Prozent Fett. Die Magerfische liegen hierbei noch wesentlich günstiger.

Es ist zwischen mageren und fetten Süßwasserfischen zu unterscheiden: *Magerfischen* wie Forelle, Zander, Hecht und *fetteren Fischen* wie Aal, Karpfen, Rutte und Brachse.

Da Fische im Wasser leben, benötigen sie zur Stützung ihrer Muskulatur kaum Bindegewebe. Das Fleisch ist daher leicht verdaulich und hinterläßt kein Völlegefühl.

Da Fischfleisch auch annähernd kochsalzfrei ist, ist es hervorragend für Diäten geeignet. In jüngster Zeit wurde festgestellt, daß Fischfett bei Arteriosklerose (Gefäßverkalkung) und Bluthochdruck vorbeugend hilft.

Fisch ist also besonders für eine fettarme, aber hochwertige Kost geeignet. Ob klein oder groß, ob Karpfen, Schleie oder Forelle, alle Fische sind reich an biologisch wertvollem, leicht verdaulichem Eiweiß und wichtigen Mineralstoffen. Enthalten beispielsweise Meeresfische besonders viel Jod und Chlor, so fallen unsere Süßwasserfische durch ihren Gehalt an Kalium, Magnesium und Phosphor auf. Die Naturheilkunde empfiehlt für Magenkranke alle mageren Fische, und auch Leberleidende sind mit Forellengerichten gut bedient. Fischgerichte sind also nicht nur etwas für kranke Menschen. Aber was der Kranke verträgt, belastet auch Gesunde wenig. Bei den meisten Kultur- bzw. Zivilisationsvölkern erfreut sich Fischfleisch einer weniger großen Beliebtheit als das Fleisch von Warmblütern. Ernährungsphysiologisch ist dies nicht gerechtfertigt. Fischeiweiß ist höherwertig als Fleischeiweiß und in vielen Fällen auch wesentlich preiswerter. Allerdings hat Fischfleisch im Vergleich zum Warmblüterfleisch eine geringere Verweildauer im Magen und damit auch einen niedrigeren Sättigungswert. Als weiterer Nachteil wird häufig empfunden, daß bei der Fischzubereitung größere Abfallmengen entstehen. Hinzu kommt, daß Fische im nichtkonservierten Zustand nur kurz haltbar sind. Demgegenüber erhält unser Warmblüterfleisch erst im abgehangenen Zustand seine höchste geschmackliche Qualität. Wegen des bei der Zubereitung leicht löslichen Bindegewebes, an dem ja, wie schon erwähnt, das Fischfleisch sehr arm ist, zerfällt der gekochte oder gebratene Fisch sehr leicht, vor allen Dingen, wenn er wirklich frisch ist, was in Verbraucherkreisen häufig ebenfalls negativ gewertet wird.

Fischfleisch ist nach ernährungsphysiologischer Bewertung in erster Linie Eiweißträger. Zwischen 10 und 20 Prozent des Fischfleisches bestehen aus Eiweiß. Mit 200 g Fischfilet deckt ein Erwachsener die Hälfte des Tagesbedarfes an Eiweiß. Dieses Eiweiß ist so hochwertig, da es die sogenannten essentiellen Aminosäuren enthält, das sind die Eiweißbestandteile, die unser Körper selbst nicht herstellen kann, bei denen er auf Zufuhr von außen angewiesen ist. Soweit unsere Fische Fette enthalten, kann gesagt werden, daß das Fischfett reich ist an lebensnotwendigen Fettsäuren.

Es ist deshalb schade, daß der Fischverbrauch in der Bundesrepublik mit 10,3 kg je Kopf der Bevölkerung noch immer sehr niedrig liegt. Norweger, Portugiesen, Schweden, Japaner, Dänen, Finnen, Engländer, Belgier, Luxemburger usw., alle essen mehr Fisch als wir.
Dabei ist zu bemerken, daß nur ein geringer Prozentsatz des bundesdeutschen Fischverzehrs auf Süßwasserfische fällt. Obwohl Fisch die vielleicht beste Nahrungsquelle für den modernen Menschen ist, gilt er in vielen unserer Haushalte als Sonderspeise. Dies ist sicher nicht auf den geringen Bekanntheitsgrad von Karpfen und Forelle zurückzuführen, sondern beruht auf einer gewissen Scheu der Verbraucher vor dem Rohprodukt Süßwasserfisch.
Anders als Seefische, die entsprechend vor- bzw. zubereitet in den Handel kommen, werden Süßwasserfische in der Regel ausgenommen und ohne jede weitere Behandlung verkauft. Wollen wir etwas zur Steigerung des Fischverbrauchs tun, müssen Waren angeboten werden, die den Bedürfnissen des Verbrauchers entgegenkommen. Daß dies funktioniert, zeigt die zunehmende Beliebtheit der geräucherten Forelle. Sie schmeckt ausgezeichnet und ist fertig zum Verzehr vorbereitet, so daß sie sich auch ohne Werbung einen festen, sich ständig erweiternden Kundenstamm erobern konnte. Es soll nicht der gefrostete Süßwasserfisch im Supermarkt gepriesen werden. Ich bin nämlich davon überzeugt, daß der gefrostete Fisch von der Hausfrau schwieriger in ein schmackhaftes Fischgericht umzusetzen ist als etwa die Frischware vom Händler oder Erzeuger. Da Fisch weitaus weniger Bindegewebe enthält als Fleisch, verliert er während des Auftauens seine Konsistenz. Er wird weicher, gelegentlich sogar wässrig. Hier liegen sicher auch die Gründe, weshalb gefrostete Karpfen, wie sie beispielsweise auch in Unterfranken vertrieben werden, wenig Liebhaber finden. Frostkarpfen sind also nicht ohne weiteres geeignet, den Karpfenverbrauch anzuregen. Gleichzeitig verlieren wir einen ganz großen Vorteil des Süßwasserfisches: Nur er kann lebendfrisch angeboten werden, da Teiche, Flüsse und Seen über unser ganzes Land verteilt sind.
Während Seefische häufig erst Monate nach ihrem Fang im Geschäft erscheinen und während dieser langen Lagerzeit nicht selten ihren typischen Geschmack verlieren, können Süßwasserfische direkt aus dem Wasser in die Küche gelangen.
Süßwasserfisch wird in folgenden Variationen angeboten:

1. *Lebend bzw. lebendfrisch geschlachtet:* Die beste Möglichkeit, frischen Süßwasserfisch zu genießen.
2. *Geschlachtet, ausgenommen, auf Eis:* Sollte nur in guten Geschäften gekauft werden.
3. *Geschlachtet, rund (= nicht ausgenommen), auf Eis:* Wenig empfehlenswert, da sich die Eingeweide schnell zersetzen und das Fischfleisch dann unangenehm schmeckt.
4. *Gefrostet:* Kann empfohlen werden. Die Qualität lebendfrischen Fisches wird nicht erreicht. Das Fischfleisch verliert durch das Frosten an Biß.
   Vor allem fettere Fische sind gefrostet nur kurz haltbar. Das Fett wird schnell ranzig und schmeckt fischig und tranig. Wichtig: Die Mindesthaltbarkeit muß aufgedruckt sein.

5. *Filetiert:* Sollte nur beim Fischer oder in gutgeführten Geschäften gekauft werden.

In der Regel haben nur größere Städte Fischgeschäfte, die das ganze Jahr über Süßwasserfische anbieten. Wer nicht das Glück hat, in der Nähe einer Teichwirtschaft zu wohnen, hat kaum Gelegenheit, regelmäßig Süßwasserfische zu kaufen. Diese geringe Verfügbarkeit ist sicher mehr als der Preis mitverantwortlich, daß Fische relativ selten auf dem Speiseplan erscheinen. Dabei haben alle unsere Teichwirte preiswerten Kleinverkauf. Die Fische werden dort küchenfertig vorbereitet und wirklich »fangfrisch« abgegeben.

Nährwerttabelle	Der genießbare Teil von 100 g eingekaufter Ware enthält:					
	Protein (Eiweiß)	Fett	Cholesterin	Kohlenhydrate	Energie	
					Joule	Kalorien
Fische	g	g	mg	g	kJ	kcal
Aal	9	18	70	+	875	209
Forelle, Bach-, Regenbogenforelle	10	1	30	+	220	52
Hecht	10	1	·	·	205	49
Karpfen	10	3	·	+	270	65
Aal, geräuchert	14	22	70	·	1120	267

Quelle: »Kleine Nährwerttabelle der DGE«, 28. Auflage 1978.

Nährwerttabelle					Der genießbare Teil von 100 g eingekaufter Ware enthält:				
Mineralstoffe					Vitamine				
Natrium mg	Kalium mg	Calcium mg	Phosphor mg	Eisen mg	A µg	B^1 mg	B^2 mg	Niacin mg	C mg
55	175	13	115	0,4	520	0,10	0,20	1,5	1
20	235	9	130	0,5	23	0,05	0,04	2,0	–
35	140	11	105	0,6	8	0,05	0,05	0,9	–
25	145	15	110	0,6	27	0,05	0,03	0,1	(1)
380	175	15	190	0,5	710	0,15	0,30	3,0	–

Zeichenerklärung

1 g = 1 Gramm
1 mg = 1 Milligramm = 1/1000 g
1 µg = 1 Mikrogramm = 1/1000 mg
1 kJ = 1 Kilojoule = 0,239 Kilokalorien
1 kcal = 1 Kalorie = 4,184 Kilojoule (kJ)
\+ = Nährstoff nur in Spuren enthalten
· = Es fehlen genaue Analysen
( ) = Analysenwerte sind unsicher

Wie erkenne ich frischen Fisch?

Fischfleisch verdirbt schneller als das Fleisch warmblütiger Tiere.
Für den Fischverderb sind Bakterien, die von außen in das Muskelgewebe eindringen und es zersetzen, hauptsächlich verantwortlich. Diese Keime leben im Wasser, aber auch im Fischdarm. Es ist deshalb wichtig, die Fische sehr sorgfältig auszunehmen und gründlich mit *Trinkwasser* auszuwaschen. Das übliche Spülen der Fische in Bach oder See sollte nur bei sauberen Gewässern und im Notfall vorgenommen werden.
Wer als Angler auch an heißen Sommertagen appetitlich frischen Fisch nach Hause bringen möchte, sollte folgendes beachten:

1. Fisch möglichst lange *lebend* hältern. Um dem Tierschutz gerecht zu werden, müssen textile Setzkescher verwendet werden.
2. Nach dem Töten soll der Fisch gut ausbluten (Herzstich).
3. Beim Aufschneiden den Darm möglichst wenig verletzen.
4. Fisch nach dem Ausnehmen innen mit sauberem Haushaltspapier auswischen (nur in wirklich sauberen Gewässern auswaschen).
5. Fisch in sauberes Papier wickeln und in einer Kühltasche, zur Not in einem Korb lagern.
6. Sobald wie möglich sind die Fische mit *Trinkwasser* gründlich zu reinigen und zu kühlen.

Sorgfältig behandelte Süßwasserfische können einen Tag im Kühlschrank liegen, ansonsten sind sie vorsorglich einzufrieren.

Aufbewahrung und Lagerung im Haushalt

Haltbarkeit im Haushaltskühlschrank

bei +2 bis +6°C	Tage
Fisch, frisch	1
Fisch, zubereitet	2
Fisch, geräuchert	4
Fischkonserven, geöffnet	1
Marinaden, geöffnet	3

Mögliche Lagerdauer in Haushaltsgefriertruhe oder -gefrierschrank

bei –18°C	Monate
Fisch, mager	5 bis 7
Fisch, fett	2 bis 4
Fischfilet	3 bis 5

Fisch ist frisch, wenn:

1. die Haut glänzend feucht ist und die natürliche Farbe erhalten ist,
2. die Augen klar sind und prall,
3. die Kiemen blutrot leuchten und nicht fischig riechen,
4. die Muskulatur fest und elastisch ist und bei Druck keine bleibenden Eindrücke entstehen,
5. die Oberfläche frisch und artspezifisch riecht.

Fisch ist verdorben, wenn:

1. die Haut pergamentartig vertrocknet und stark verfärbt ist,

2. die Augen trüb sind und eingefallen,
3. die Kiemen grau bis braun verfärbt sind und fischig stinken,
4. die Muskulatur schlaff und weich ist und bei Druck Eindrücke entstehen, die nicht mehr verschwinden,
5. der Fisch stark fischig riecht.

Trotz aller Probleme mit Abwässern und Gewässerausbauten kann die Binnenfischerei im Vergleich zur deutschen Seefischerei durchaus optimistisch beurteilt werden.

Zum einen gingen die besten Fangplätze der deutschen Hochseefischerei verloren, was wiederum die Anlandungszahlen an den deutschen Küsten drastisch sinken ließ, zum anderen sind die Meere in den letzten Jahrzehnten überfischt worden. Am dramatischsten läßt sich dies an einem Meerestier zeigen, das eigentlich nicht zu den Fischen gehört. Ich denke hierbei an den Wal. In der Fangsaison 1937/1938 wurden noch etwa 55000 Wale gefangen und maschinell verarbeitet. Heute, 50 Jahre später, sind einige Walarten kurz vor dem Aussterben. Auch das Schicksal der Anchovis, einem kleinen Heringsfisch, zeigt die Ausbeutungsideologie des Menschen. Vor 30 Jahren wurden vor der Küste Perus nur 30000 Tonnen Anchovis gefischt. Bis 1970 stieg der Fang auf zwölf Millionen Tonnen an. Die Anzahl der Fischer wuchs von 2500 auf 20000.

Die Fabriken stellten über 2,3 Millionen Tonnen Fischmehl pro Jahr her. Das katastrophale Resultat dieses rücksichtslosen Überfischens zeigte sich 1972 zum erstenmal. Von zehn Millionen Tonnen im Vorjahr fiel der Fang auf vier Millionen Tonnen und 1973 waren es nur noch zwei Millionen Tonnen. Die gesamte Industrie brach zusammen. 20000 Fischer wurden arbeitslos und 8000 Fischmehlfabriken gingen bankrott.

Die Hochseefischerei hat auf die Rückgänge der geläufigen Fische wie Hering, Schellfisch oder Rotbarsch reagiert und versucht zunehmend, bislang nicht verwertbare Fische auf den Markt zu bringen. Grenadierfisch, Vipernfisch und Schleimkopf beispielsweise sollen zukünftig angeboten werden. Wenn diese Tiefenfische auch gut schmecken, Schönheiten sind sie nicht. Viele sehen abstoßend häßlich aus und es ist fraglich, ob die Verbraucher in Zukunft bereit sein werden, diese Fische zu kaufen. Bisher jedenfalls werden noch die bekannten, gutaussehenden Fischarten bevorzugt, obwohl sie immer teurer werden.

Anders sieht die Situation in der Binnenfischerei aus. Die finanziellen Anstrengungen in Milliardenhöhe für den Kläranlagenbau beginnen zu greifen. Vergleichen wir unsere Gewässer während der letzten 20 Jahre, so zeigt sich eindeutig, daß die Wasserqualitäten steigen.

Mit Ausnahme der Voralpenseen, deren Fischerträge durchaus auf den Märkten erscheinen, dienen aber die Fischfänge aus den Fließgewässern überwiegend dem Eigenbedarf der Angler. Rund 4000 Tonnen Fisch werden nach Schätzungen alljährlich von unseren Anglern aus den Binnengewässern gezogen. Da diese Fische in der Regel nicht verkauft werden dürfen, ist davon auszugehen, daß die meisten der im Handel erscheinenden Süßwasserfische aus Teichwirtschaften stammen.

Die wichtigsten Wirtschaftsfische aus unseren Binnengewässern sind die Forellen. Dabei liegt das Hauptkontingent bei der Regenbogenforelle. Bachforelle und übrige Salmoniden besitzen untergeordnete Bedeutung. Allenfalls die Renken oder Felchen der Voralpenseen spielen wirtschaftlich eine größere Rolle. Zweitwichtigster Fisch ist der Karpfen, der vor allen Dingen in den nordbayerischen Regierungsbezirken gezogen wird. Schleie, Hecht, Zander und die Weißfischarten sind schon eher als Liebhaberfische zu bezeichnen.

Von zunehmender Bedeutung ist der Wels, der größte einheimische Süßwasserfisch.

Eine Sonderstellung nimmt der Aal ein, der nur in begrenztem Umfang aus Teichwirtschaften oder sogenannten Fischfarmen stammt. Aale werden überwiegend in unseren Flüssen gefangen und sind das ganze Jahr über frisch oder als Räucherware begehrt. Man kann sagen, Aal gehört zu den besonderen Delikatessen unserer Gewässer.

Der Rückgang der Meeresfänge bietet unseren Süßwasserfischen eine nicht überschätzbare Marktlücke. Waren beispielsweise noch vor zehn Jahren Meeresfische wesentlich billiger als unsere Teichfische, so hat sich dies grundlegend geändert. Heute sind mit wenigen Ausnahmen Seefische und Süßwasserfische im Preis angeglichen. Wie begehrt mittlerweile Süßwasserfische sind, zeigt sich bei der Betrachtung der Versorgungsbilanz des Süßwasserfischmarktes.

Rund die Hälfte der bei uns benötigten Forellen und Karpfen werden importiert. 84 Prozent der gesamten Importmenge belaufen sich auf Forellen, Karpfen und Aale. Nennenswert sind allenfalls noch Lachsimporte. Der auf Welse, Hechte, Zander, Schleie usw. entfallende Einfuhranteil ist sehr gering. Diese aus der Einfuhr stammenden Fischarten haben für die Versorgung unserer Märkte nur regionale Bedeutung. Logischerweise ist der Forellen- und Karpfenexport aus der Bundesrepublik kaum nennenswert. Das gesamte Angebot der eigenen Produktion und der Importe steht also für den Konsum im eigenen Land zur Verfügung. Vor allen Dingen Forellen und Karpfen haben sich bei uns preislich gesehen zu Konsumfischen entwickelt. Der Forelle sagt man dabei eine ähnliche Massenentwicklung voraus, wie sie vor einigen Jahrzehnten durch die Brathuhnproduktion vorgeführt wurde. Daß dabei allerdings die Bäume nicht in den Himmel wachsen, zeigen einige industriell aufgezogene Großbetriebe im norddeutschen Raum, die nicht nur Produktions-, sondern auch Vermarktungsschwierigkeiten haben.

Leider ist bei uns der Karpfenverzehr aus traditionellen, heute durch nichts mehr gerechtfertigten Gründen auf das Winterhalbjahr beschränkt.

Daß Fisch nicht nur gesund ist, sondern auch gut schmeckt, muß eigentlich nicht extra betont werden. Bei der Zubereitung der Fische, so glaube ich, kann man vielen Hausfrauen den Vorwurf machen, daß sie wenig einfallsreich sind. Dies trifft allerdings nicht nur für die Haushalte zu, auch die meisten Fischgaststätten bieten außer Fisch blau oder Fisch gebacken wenig Variationen an. Daß entsprechende Beilagen und Getränke ein Fischgericht zum Genuß werden lassen, verdeutlicht das alte Sprichwort »Fluch bringt der Fisch im dritten Wasser«. Damit ist gemeint, daß der Fisch im ersten Wasser schwimmt, im zweiten gegart wird und das dritte

Wasser der Mensch trinkt, der nicht weiß, wie gut Wein zum Fisch schmeckt.
Fränkischer Fisch und fränkischer Wein harmonieren wie selten zwei Spezialitäten.
Es sei aber jedem verziehen, der trotzdem ein frisches Bier zum gebackenen Karpfen, zur geräucherten Forelle oder zum gedünsteten Zander genießt.

Tips für den Einkauf

Während Forellen ganzjährig lebendfrisch erhältlich sind, haben andere Fische Saison. Aale sind in der Regel nur in den Sommermonaten, Karpfen und Schleien im Herbst und Winter erhältlich. Weißfische sind im Herbst und Winter am schmackhaftesten. Hechte und Zander sind verständlicherweise nur außerhalb der gesetzlichen Schonzeiten erhältlich, da sie nur in geringem Umfang aus Zuchtanstalten stammen. Entsprechend dem Angebot sind auch die Preise. Erfahrungsgemäß zählen Aale aber immer zu den teuersten Fischen. Teichfische wie Forellen, Karpfen und Schleien werden günstig bei selbstvermarktenden Teichwirten gekauft. Die Preise liegen hier um mehr als die Hälfte niedriger als im Fischgeschäft. Häufig ist allerdings im Fischgeschäft ein besserer Service zu erwarten. Die Fische werden küchenfertig zubereitet, Aale wird man Ihnen auch abziehen. Beim Einkauf muß bei ganzen Fischen wegen des verhältnismäßig hohen Abfalls pro Person 300 bis 500 g Lebendgewicht gerechnet werden.
Es wird empfohlen, Fisch nach der sogenannten 3-S-Regel vorzubereiten.

Säubern:
Zum Säubern gehört das Ausnehmen und Schuppen. Nur Fische, bei denen die Haut mitgegessen wird, werden geschuppt. Soll Fisch blau gekocht werden, darf er nicht geschuppt werden und es ist darauf zu achten, daß die Schleimschicht auf der Fischhaut nicht beschädigt wird. Ansonsten ist der schöne Blauton nicht zu erreichen. Fische mit kleinen Schuppen wie Forelle, Schleie und Aal werden niemals geschuppt. Das Schuppen ist vor dem Ausnehmen durchzuführen. Die Fische werden dabei mit der linken Hand am Kopf festgehalten und die Schuppen mit einem kräftigen stumpfen Messer gegen den Strich vom Schwanzende zum Kopf abgeschabt. Beim Schuppen von Zandern und Barschen ist darauf zu achten, daß man sich nicht an den scharfen Flossenstrahlen bzw. den spitz zulaufenden Kiemendeckeln verletzt. Diese Verletzungen sind sehr schmerzhaft und heilen schlecht.
Vor dem Ausnehmen wird der Bauch durch einen scharfen Schnitt, der am Ausgang des Darmes beginnt und bis zwischen die Kiemen reicht, geöffnet.

Die Messerspitze sollte nicht zu tief in die Eingeweide gestochen werden, damit die Galle nicht verletzt wird. Die Eingeweide werden herausgenommen und gegebenenfalls zur Weiterverwendung vorbereitet. Entlang dem Rückgrat läuft bei vielen Fischen ein dunkler Gewebestreifen. Es handelt sich um die Nieren, die auf jeden Fall entfernt werden müssen. Am zweckmäßigsten geschieht dies mit einem kleinen Löffel. Werden die Fische blau gesotten oder geräuchert, sollten auch die Kiemen entfernt werden.
Die Fische sind anschließend gründlich unter fließendem Wasser auszuwaschen. Blut und Eingeweidereste sind zu entfernen.

Säuern:
Wenn in den einzelnen Rezepten angegeben, sind die Fische mit Zitronensaft zu beträufeln und zu säuern. Die Säure macht das Fischfleisch fester.

Salzen:
Wenn es nicht anders angegeben ist, sollte der Fisch erst kurz vor der Zubereitung gesalzen werden, damit dem Gewebe nicht unnötig Flüssigkeit entzogen wird. Das Fleisch ist dann saftiger und kerniger.
Ganz frischer Fisch ist nicht ganz einfach zu verarbeiten. Werden z. B. Forellen kurze Zeit nach dem Schlachten im Sud zubereitet, zerreißt die Muskulatur, in manchen Fällen zerfällt der Fisch regelrecht. Frische Schleien fangen im Sud plötzlich zu zappeln und springen an, Aalstücke ringeln sich in der Pfanne. Wer dies vermeiden möchte, sollte Forellen vor der Zubereitung wenigstens 6 Stunden, Schleien und Aale 6 bis 12 Stunden geschlachtet kühl aufbewahren.

Fische können auch im Kühlschrank oder Gefrierfach nur begrenzte Zeit gelagert werden. Zum Einfrieren eignen sich nur ganz frisch gefangene Fische, die rasch hergerichtet und eingefroren werden müssen. Die Fische sind gründlich auszunehmen, zu schuppen und zu säubern und anschließend in Kunststofftüten oder Aluminiumfolien zu verpacken und einzufrieren.

Fischerei in Unterfranken

Die fischereilichen Aktivitäten unserer Region lassen sich in drei Sparten, nämlich Flußfischerei, Teichwirtschaft und Angelfischerei gliedern.

Die Mainfischerei heute

Der Main ist der größte Nebenfluß des Rheins, er ist aber im Vergleich zu diesem und den anderen großen Strömen ein relativ kleiner Fluß. Seine Mittelwasserführung liegt in der Gegend von Würzburg bei etwa 60 m³/s. In trockenen Jahren wie 1976 flossen hier noch etwa 12 m³/s. Nur wegen der 35 Staustufen kann in solchen Jahren, in denen der Fluß annähernd zum Stehen kommt, der Wasserstand aufrechterhalten werden. Daß der Main aber auch ein wilder, reißender Strom werden kann, zeigen die Katastrophenhochwässer, bei denen 2000 m³/s oder mehr abfließen. Aus diesen Gründen wird der Main in alten Schriften als launisch und unberechenbar beschrieben. Dies war sicher der Grund für die erst spät einsetzende Kanalisation und Schiffbarmachung. Erst Ende des 19. Jahrhunderts war die Technik so weit, daß mit dem systematischen Ausbau begonnen werden konnte. Die ersten Staustufen brachten einschneidende Veränderungen am Fischbestand, wurde durch sie doch der Main fischereilich vom Rhein und dem Atlantik abgeriegelt. Die Wanderfische wie Meerneunauge, Stör, Maifisch, Meerforelle und Lachs gingen sofort zurück bzw. blieben ganz aus. 1890 wurde beispielsweise bei Gemünden der letzte Lachs gefangen. Die Flunder, die regelmäßig bis Klingenberg, seltener bis Schweinfurt zu fangen war, verschwand ebenfalls. Als letzter im Main verbliebener Wanderfisch ist der Aal zu nennen, der durch massive jährliche Besatzmaßnahmen von rund 1000 Kilogramm Glasaalen und 250 Zentnern Satzaalen zum derzeit wichtigsten Mainfisch aufstieg. Neben den Staustufen waren die Abwassereinleitungen wichtigste Faktoren, die zur Verarmung der Fischfauna beitrugen. Anspruchsvolle Standfischarten des Maines, denen Indikatorfunktion für gutes Wasser zukommt, waren Bachforelle, Äsche, Elritze, Aland, Strömer, Bartgrundel, Steinbeißer, Mühlkoppe und Rutte. Alle diese Arten sind heute nur noch im Bereich von Bachmündungen zu finden. Der Strömer dürfte allerdings ausgestorben sein.
Der einstmals wilde Fluß, der häufig ausuferte, über sandigem bis kiesigem Grund meist vielgeteilt dahinschoß, ist heute gezähmt. Die Schiffahrtsstraße Main erinnert heute an eine Kette von Stauseen.
Durch Investitionen in Millionenhöhe konnte die Abwassersituation entscheidend verbessert werden. Der Main ist wieder sauber geworden, die Fischbestände haben sich erholt. Rückstandsuntersuchungen, die regelmäßig durchgeführt werden, zeigen, daß Mainfische mit Appetit gegessen werden kön-

Im Jahre 1978 wurde die moderne Methode des Elektrofischens im Mainbereich erstmals der Presse vorgestellt.

nen. Sie sind nicht nur lebensmittelrechtlich unbedenklich, sondern auch von ausgezeichnetem Geschmack.
Rund 500 Fischer legen im Main noch nebenberuflich Netze und Reusen. Einige Hauptberufsfischer finden wir noch im Gebiet des Mittleren und Unteren Mains. Hauptfisch ist der Aal, der mit Reusen, Elektrofischfanggeräten und fünf Großfanggeräten, sogenannten Aalschockern, gefangen wird. Zander, Hecht, Karpfen, Schleie und natürlich Weißfische gehören zum regelmäßigen Fang. Die Fische sind gut absetzbar und von hervorragender Qualität.
Sorgen bereitet der Absatz von Weißfischen. Zwar ist ihr Fleisch bekanntermaßen wohlschmeckend, ihr Grätenreichtum aber hält viele Kunden vom Kauf ab. Die Mainfischer sind gezwungen, hier neue Wege zu gehen. Die Anschaffung von Filetier- und Entgrätungseinrichtungen, wie sie an der Mosel oder an den Schweizer Seen bereits Verwendung finden, werden zunehmend auch von unseren Fischern eingesetzt. So kann aus den ungeliebten Brachsen beispielsweise eine schmackhafte Fischspezialität gewonnen werden.
Die traditionsreiche Mainfischerei hat ihren Tiefpunkt längst überschritten. Sie kann in eine gesicherte und vielversprechende Zukunft blicken.

Fränkische Saale

Berufsmäßige Flußfischerei gibt es auch noch an der Fränkischen Saale. In Gemünden, Hammelburg-Westheim und Bad Kissingen werden Aale, Barben und Hechte mit Netz und Reuse gefangen.

Die Teichwirtschaft in Unterfranken

Naturräumlich umfaßt Unterfranken Teile des Odenwaldes, des Spessarts, der Süd-Rhön, die Mainfränkischen Platten sowie Teile des fränkischen Keuper-Lias-Landes und das Maintal. Der östliche Teil Unterfrankens gehört zu dem warmen, trockenen Klimabezirk Mainfrankens mit nur 500 bis 600 mm Jahresniederschlägen. Er ist das wärmste Gebiet Bayerns. Hier wie im Maintal sind die natürlichen Voraussetzungen für Karpfenteichwirtschaft besonders gut, da Karpfen und Schleien wärmeliebend sind. Runde drei Jahre benötigt ein Karpfen, um sein Idealgewicht von 1,5 kg zu erreichen. In dieser Größe sind sie bei uns als Speisefisch besonders beliebt. Karpfen sollen sich überwiegend von sogenannter »Naturnahrung«, den kleinen Krebsen, Muscheln und Insektenlarven ernähren, die ohne besonderes Zutun von selbst im Teich wachsen. Unter den günstigen unterfränkischen Klimaverhältnissen kann von einem Hektar Teichfläche, der im Frühjahr mit zweijährigen Karpfen von rund 250 Gramm Stückgewicht besetzt wird, im Herbst eine Ernte von 1000 dreisömmrigen Karpfen mit einem Durchschnittsgewicht von 1250 Gramm gerechnet werden. Die Fische haben also in einer Saison um runde 20 Zentner zugenommen. Solche natürlich gezogenen Karpfen sind relativ mager, ihr Fleisch ist fest, kernig und von angenehm nußartigem Geschmack.

Anders als die Karpfen benötigen Schleien vier Jahre, um mit 300 bis 500 Gramm als Speiseschleie vermarktbar zu werden.

An den Fließgewässern und Quellaustritten der Mittelgebirge kann Forellenteichwirtschaft betrieben werden. Weit über die Landesgrenzen hinaus sind Forellen aus dem Spessart, der Rhön und dem Steigerwald als Satz- und Speisefische bekannt und begehrt. Bis Ende des vorigen Jahrhunderts war nur die einheimische Bachforelle bekannt. Die für die Teichhaltung besser geeignete, aus Nordamerika eingeführte Regenbogenforelle ermöglichte den Ausbau und Aufschwung der heutigen Forellenteichwirtschaft. Regenbogenforellen sind problemlos mit Trockenfuttermitteln zu ernähren, der Einsatz von technischen Hilfsmitteln wie Belüftung, Sortiergeräten usw. ist möglich.

Neben einigen Großbetrieben ist die Forellenteichwirtschaft in Unterfranken hauptsächlich Zuerwerb. Außer Forellen werden als Nebenfische Äschen und Bachsaiblinge gezogen. Beiden Arten kommt größere wirtschaftliche Bedeutung nicht zu. Bei manchen Betrieben wird der überwiegende Teil der Speiseforellenproduktion als Räucherware verkauft. In zunehmendem Maße gewinnen Satzfische an Bedeu-

Teichwirtschaft in Unterfranken hat lange Tradition.

tung. Die Fische werden überwiegend direkt vermarktet. Der Züchter beliefert Sportangler und Speisefischverbraucher unter Umgehung des Fischhandels.
Fischteiche gehören zum Landschaftsbild Frankens. Neben ihren eigentlichen Bewohnern, den Fischen, bieten sie zahlreichen anderen Tierarten Lebensraum. Wasservögel nisten an ihren Ufern, Amphibien und Insekten finden Laich- und Eiablagemöglichkeiten. Der positive Einfluß von Fischteichen auf den Wasserhaushalt ist bekannt und kann nicht hoch genug eingeschätzt werden.

Angelfischerei in Unterfranken

Rund 15000 Petri-Jünger gehen regelmäßig an Unterfrankens Gewässern dem Angelsport nach. Ihr Hauptangelrevier ist natürlich der Main mit seinen zahlreichen Buhnen und Baggerseen. Allmählich hat sich aus der früheren Konkurrenz zwischen Beruf und Sport eine gute Zusammenarbeit entwickelt. Die Fischer haben erkannt, daß sie nur gemeinsam zum Schutz der Fische und Gewässer beitragen können. Mit Ausnahme des Mains und einiger Strecken an der Fränkischen Saale werden alle übrigen unterfränkischen Fließgewässer von Sportanglern betreut. Die Verantwortung, die unsere Vereine damit übernommen haben, ist groß. Neben dem Fischfang gehört natürlich die Hege und Pflege der Fischbestände zu den ganz besonderen Aufgaben. Die Gewässer sind zu besetzen, der Ausfang ist zu kontrollieren, alljährlicher Gewässerputz ist durchzuführen. Daneben sind es gerade die Sportangler, die durch ihre ständige Anwesenheit am Wasser so manchen Umweltsünder ertappten. Es kommt also nicht so ganz von ungefähr, wenn die Angelfischer behaupten, sie wären die ersten Naturschützer am Gewässer. Glücklich können sich alle die Vereine schätzen, die ein Forellengewässer ihr eigen nennen.

Angler um 1900.

Angeln in Forellengewässern

Edel sind sie, scheu und schön, die Forellen der klaren und sauerstoffreichen Bäche und Flüsse von Steigerwald und Rhön, Spessart und Odenwald.
Die Bachforelle, rotgetupft, standorttreu, die Regenbogenforelle ein Flußzigeuner. Sie ist vor gut einhundert Jahren aus Nordamerika zu uns gekommen. Beide Fettflosser sind heute gleichwertig in Bach und Fluß. Oft hat die »Amerikanerin« ein stückzahlmäßiges Übergewicht. Sie ist robust, in ihrer Lebensweise weniger empfindlich als die »Rotgetupfte«.
In den letzten Jahren wurde bei Neubesatz unserer fränkischen Forellengewässer der Bachforelle ein besonderes Augenmerk geschenkt. Die Entwicklung zeigt, daß sich die Mühe lohnt. Ein Großversuch der Fischereifachberatung des Bezirks Unterfranken in der eigenen Saalestrecke bei Aschach hat den Nachweis gebracht, daß die eingesetzten, rhönstämmigen Bachforellen zu Prachtexemplaren heranwachsen können.
Diese Entwicklung fand bei den Sportfischern ein begeistertes Echo. Das Angeln auf die »edlen Fettflosser« ist für sie von besonderem Reiz. Das Fleisch dieser Fische ist begehrt, der Fang der scheuen Gesellen schwierig.
Wurmangler sind an Salmonidengewässern fehl am Platze. Forellen werden mit leichtem Spinngerät oder mit der künstlichen Fliege gefangen. Bach-, Regenbogenforelle und Äsche sind Fische der Forellenregion, die in erster Linie vom Insektenvorkommen ihrer Gewässer leben. Der Flugangler hat sich dies zu Nutze gemacht und mit Insektenimitationen als Köder eine kunstvolle Art des Fischens entwickelt, die zu einer erfüllten, waidgerechten Freizeitfischerei führt.
Zu den alljährlichen Höhepunkten des Vereinslebens zählt das große Fischerfest.

Künstliche Nymphe zum Forellenfischen.

Räucherfisch

Milde Räucherforelle und herzhafter Räucheraal zählen zu den ganz besonderen Fischdelikatessen. Vor allen Dingen die geräucherte Forelle konnte in den letzten Jahren große Marktanteile erobern. Sie ist schmackhaft, leicht verdaulich, diätetisch wertvoll und einfach zu verzehren. Wohl kaum ein kaltes Büffet, wo Räucherforellenfilets fehlen. Nicht ganz so häufig wird Räucheraal angeboten. Grund hierfür ist weniger seine Beliebtheit, als vielmehr der hohe Preis. Mit 80,– DM je kg Räucheraal ist er mehr als doppelt so teuer wie die Räucherforelle. Es lohnt sich also, vor allen Dingen natürlich für unsere Angelfischer, selbst Räucherfisch herzustellen. Die nötigen Kenntnisse hierzu kann man sich bei einem der Räucherkurse, die regelmäßig von der Fachberatung für Fischerei durchgeführt werden, aneignen. Das Verfahren ist im Grunde sehr einfach. Die geschlachteten und ausgenommenen Fische werden etwa zwölf Stunden in einer acht- bis zehnprozentigen Salzlösung gewürzt. Anschließend werden die Fische in den Räucherofen gehängt und nach einer Trockenzeit von etwa 30 Minuten bei 110 Grad 15 Minuten gegart. Dann bleiben die Fische noch etwa 60 Minuten im Rauch von etwa 60 Grad hängen. Während dieser Zeit nimmt der Fisch auch den gewünschten Rauchgeschmack an. Bis zum Ende des Räuchervorgangs sinkt die Temperatur dabei langsam auf 30 Grad ab. Eine ganz andere Technik ist das sogenannte Kalträuchern. Die Fische werden stark gesalzen und dadurch bereits gegart. Sie kommen dann nur noch mit kaltem Rauch von 20 bis 25 Grad in Berührung. Der hohe Salzgehalt verringert den Wassergehalt der Fische und bewirkt die längere Haltbarkeit. Starkes Salzen und langsames Räuchern machen das Fischfleisch trocken und fest. Eine große Forelle kaltgeräuchert schmeckt ganz vorzüglich. Die bei uns im Handel erhältlichen Räucherlachsseiten sind alle nach diesem Verfahren zubereitet. Im Rezeptteil haben wir die Methode des Kalträucherns nochmals näher beschrieben.

Kalträucherofen im Spessart.

Fischerfeste in Unterfranken

Wenn lauer Sommerwind in den Gedanken der Menschen die Kälte eines langen, unbequemen Winters vergessen läßt, ist die hohe Zeit der Fischerfeste gekommen.
Von Aschaffenburg bis Knetzgau, in den Tälern der Rhön oder an den Ufern der Tauber, irgendwo ist an den Wochenenden ein Fest der großen Fischerfamilie.
Viele dieser Veranstaltungen haben langjährige Tradition. Sie gehören zum immerwiederkehrenden Festablauf ihres Dorfes, ihrer Stadt. Es wird an drei Tagen gefeiert oder eine ganze Woche.
Berühmt und beliebt sind die »Backfischfeste« in Stockstadt, Niedernberg, Retzbach, Münnerstadt, Karlstadt, Bad Kissingen und vielen anderen Ortschaften unseres Frankenlandes.
An den Festtagen ist für die Mitglieder der veranstaltenden Vereine harter Arbeitseinsatz erforderlich. Alles wird in eigener Regie gemacht und so der ewig hungrigen Vereinskasse ein wenig das Maul gestopft. Die lange und gewissenhafte Planung eines Fischerfestes ist notwendig, um das Gelingen zu garantieren. Das Wichtigste ist natürlich der ausreichende Fischeinkauf – und Fisch muß frisch sein! Nicht nur die heimischen Süßwasserfische stehen auf dem Speiseplan. Von geräucherten Makrelen bis zu Eismeerkrabben und Haifischsteaks ist so ziemlich alles auf der Spezialitätenkarte eines fränkischen Fischerfestes zu finden. Beliebt sind im besonderen frisch am Platz geräucherte Forellen und Aale.
Viele Gäste scheuen die weite Anfahrt nicht, um all diese Leckereien frisch zubereitet genießen zu können.
Bier und vor allen Dingen der gute Frankenwein lassen die Stimmung auf den Festplätzen und in den weiträumigen Zelten überschwappen – denn zünftig geht's zu bei den Fischern in Unterfranken.

Ein zünftiges Fischerstechen gehört zu den Festen der mainfränkischen Berufsfischer.

Meefischli

Nirgendwo sonst in Bayern sind die silbrigen kleinen Ukeleis so beliebt wie am unterfränkischen Main, speziell in Würzburg. Am Bodensee oder dem Chiemsee käme wohl niemand auf die Idee, aus diesen kleinen Fischchen, die dort massenhaft vorkommen, eine Fischspezialität zuzubereiten. Weißfische sind in Südbayern ohnehin nicht sehr beliebt. Eine schöne Portion knuspriger Meefischli zum Frankenwein gehört zu Würzburg wie der Lebkuchen zu Nürnberg.
Die kleinen Ukeleis, die selten größer als 15 cm werden, sind gesellige Fische, die in großen Schwärmen an der Mainoberfläche nach Futter suchen. Noch vor zwölf Jahren war es ein leichtes, sie in großer Menge, z. B. im Gebiet am Alten Hafen in Würzburg, zu fangen. Das große Fischsterben von 1975, wahrscheinlich durch Abwassereinleitungen aus der Ochsenfurter Zuckerfabrik verursacht, hat diese Fischchen beinahe ausgerottet. Seit dieser Zeit wurden vermehrt andere Fische, vor allen Dingen kleine Rotaugen, zu Meefischli verarbeitet. Auch diese Fische schmecken ganz ausgezeichnet, sie dürfen aber nicht zu groß sein, sonst sind ihre Gräten, vor allen Dingen aber ist der Kopf zu hart. Denn Kopf, Gräten und Flossen werden bei einem zünftigen Meefischli-Essen natürlich mitverzehrt.
Langsam erholten sich die Ukeleibestände und unseren Mainfischern gelingt wieder manch guter Fischzug. Nach den Jahren der Flaute führen schon wieder zahlreiche Gaststätten in und um Würzburg Meefischli.
Bei der Zubereitung kann nicht viel falsch gemacht

werden. Kenner streiten darüber, ob die Fische in Semmelbrösel oder in Mehl gewendet werden sollen. In manchen Rezepten wird bei der Verwendung von Mehl eine Prise Zimt als besonderes Gewürz empfohlen. Drei Dinge jedoch dürfen niemals übersehen werden:

1. Die Fische müssen möglichst klein sein.
2. Sie sollen frisch vom Fang sein, damit sie beim Braten richtig aufgehen.
3. Sie sind knusprig-braun zu braten, damit Kopf, Flossen und Gräten mitgegessen werden können.

Die wichtigsten bei uns erhältlichen Süßwasserfische

Aal

Allgemein bekannt sind die schlangenförmigen Aale. Die stark schleimigen Fische haben winzig kleine, kaum sichtbare Schuppen, die in der dicken, schleimigen Haut verborgen sind. Sie sind in den Fließgewässern Unterfrankens weit verbreitet. Vor allen Dingen der Main, die Fränkische Saale und die Tauber sind hervorragende Aalflüsse. Erst 1922 entdeckte der Däne Johannes Schmidt die Laichplätze des Aales in der Sargasso-See. Nach dem Ablaichen im Sargasso-Meer entwickeln sich aus den Eiern die Aallarven, die mit dem Golfstrom in Richtung der europäischen Küste treiben. Hier wandeln sie sich zum Glasaal, von dem einige 100 kg jährlich in Unterfranken ausgesetzt werden. Kenner unterscheiden bei den gefangenen Aalen zwischen Breitkopf-, Spitzkopf-, Gelb- und Blankaal. Spitzköpfe und Gelbaale sind fettreich und besonders gut zum Räuchern geeignet.
Aale sind als Aasfresser verschrien. Daß dies nicht zutrifft, weiß jeder Angler. Tierische Angelköder zum Beispiel müssen frisch und dürfen nicht in Zersetzung übergegangen sein. Aale ernähren sich von niederen Krebstieren, Krebsen, Insektenlarven, Würmern, Muscheln, Schnecken und Fischen.
Aale sind hervorragende Speisefische, die geräuchert, gebraten oder gekocht delikat schmecken. Ihr Fleisch ist weiß und grätenlos. Sie sind beliebte Angelfische und die wichtigsten Flußfische der Berufsfischerei.

Barsch

Flußbarsche sind hochrückige Fische mit kräftigem Kopf und zwei Rückenflossen, die durch ihre harten, spitzen Flossenstrahlen auffallen. Der Fisch faßt sich rauh an. Der Rücken ist dunkel, die Flanken sind grünlich-oliv mit sechs bis neun dunklen Streifen. Die Flossen leuchten rot. Barsche sind in Unterfranken häufig. Sie bewohnen fließende und stehende Gewässer.
Ihr annähernd grätenloses Fleisch ist schmackhaft, sie werden von Kennern zu den besten Süßwasserfischen gezählt. Sie sind schwierig zu schuppen, so daß es in vielen Fällen günstig erscheint, Barsche zu filetieren. Barschfilet ist beispielsweise am Bodensee ein wichtiges Verkaufsobjekt der Berufsfischer.

Forelle

Im Handel sind Regenbogen- und Bachforellen, in neuerer Zeit auch Lachsforellen. Annähernd alle diese Fische stammen aus Teichwirtschaften, Wildfänge aus Flüssen und Seen sind kaum erhältlich.
Regenbogenforellen können unterschiedlich gefärbt sein. Ihr Rücken ist meist blaugrün, die Flanken silbrig mit breitem, in allen Regenbogenfarben schillerndem Längsband. Auf Kopf, Körperseiten, Rücken, Fett- und Schwanzflosse sind viele kleine schwarze Punkte. Sie stammt ursprünglich von der nordamerikanischen Pazifikküste und ist seit etwa 100 Jahren in Deutschland eingebürgert. Sie ist heute einer der wichtigsten Fische der Teichwirtschaft, problemlos zu halten und zu vermehren. Ihr Fleisch ist schmackhaft, grätenarm und gut zu räuchern.
Die Bachforelle hat eine olivgrüne bis messingfarbene Grundfärbung mit schwarzen Punkten auf Rükken und Rückenflosse. Wichtiges Kennzeichen sind die hellroten Tupfen auf den Flanken. Auch Bachforellen können in Teichwirtschaften gezogen werden. Ihr Fleisch ist fest, annähernd grätenfrei und von angenehmem Geschmack.
Neuerdings werden in Fischgeschäften auch sogenannte Lachsforellen angeboten, die durch ihr lachsrotes Fleisch auffallen. In aller Regel handelt es sich dabei um Regenbogenforellen zwischen 1000 und 1500 Gramm, die durch karotinhaltiges Futter ihr rotes Fleisch erhielten. Eigentlich ist die Bezeichnung Lachsforelle irreführend. Der Verbraucher meint nämlich, es handelt sich dabei um eine spezielle, dem Lachs ähnliche Forellenart. Dies ist nicht der Fall, die rotfleischige Forelle ist qualitativ nicht höher einzuschätzen als die weißfleischige. Derzeit streiten sich die Lebensmittelüberwachungsbehörden noch darüber, ob karotinhaltiges Futter überhaupt zulässig ist. Trotzdem – ich bin der Ansicht, die rotfleischige Lachsforelle sieht appetitlich aus. Sie ist deshalb für Gerichte, bei denen Forellen roh, geräuchert oder gebeizt gegessen werden, besonders geeignet.

Hecht

Der pfeilförmige, gestreckte Fisch ist einer der bekanntesten Bewohner unserer Gewässer. Der Kopf ist charakteristisch lang, abgeflacht, mit entenschnabelartigem breitem Maul. Beeindruckend sind die starken Reißzähne auf Ober- und Unterkiefer. Der Fisch ist dunkel-olivgrün mit helleren Flanken und dunklen Flecken und Bändern. Hechte erreichen ein Gewicht bis 25 Kilogramm und eine Länge bis zwei Meter.
Hechte sind ausgezeichnete Speisefische. Ihr Fleisch ist herzhaft, aromatisch, aber grätenreich. Ein etwa dreipfündiger Hecht, im Frühjahr nach Beendigung der Schonzeit gefangen, gehört zu den großen Delikatessen, die unsere Gewässer bieten.

Angler um 1900 mit einer großartigen Hechtstrecke.

Karpfen

Die kräftigen, hochrückigen Karpfen sind allgemein bekannt. Im Handel sind Spiegelkarpfen und Schuppenkarpfen. Die Schuppenkarpfen ähneln den Wildkarpfen, bei denen ebenfalls der ganze Körper von Schuppen bedeckt ist. Spiegelkarpfen besitzen einige wenige übergroße Schuppen, die besonders an den Flossenansätzen und im Kiemenbereich wachsen. Ansonsten ist die Haut nur von einer dicken Schleimschicht bedeckt.

Der Karpfen ist unser wichtigster Teichfisch, er ist als Speisefisch wegen seines zarten und wohlschmekkenden Fleisches geschätzt. Er ist der Süßwasserfisch mit den wohl größten Qualitätsunterschieden. Da nicht alle bei uns benötigten Speisekarpfen in der heimischen Teichwirtschaft heranwachsen können, wird der Bedarf durch Importe, vor allem aus dem östlichen Ausland gedeckt. Die in ungarischen oder jugoslawischen Teichwirtschaften wachsenden Karpfen sind zwar äußerlich bildschön, ihre Fleischqualität läßt aber oft zu wünschen übrig. Da sie in aller Regel sehr fett sind, ist ihr Fleisch deshalb weich und nicht selten von tranigem Geschmack.

Karpfen aus heimischen Teichen besitzen ein kerniges, angenehm schmeckendes Fleisch. Sie schmekken gebacken, blau, gefüllt oder als Gulasch. Herbst- und Wintermonate sind Karpfensaison. Wildfänge aus Flüssen und Seen sind das ganze Jahr über erhältlich und empfehlenswert.

Der »Silberne Karpfen« aus der Zunftstube der Würzburger Berufsfischer.

Schleie

Schleien sind ausgesprochen schöne Fische. Ihr kräftiger, gedrungener Körper ist hell bis olivgrün mit gelblichem Bauch. Die Flossen leuchten grün bis braungrün. Die goldfarbenen Augen sind klein. Unter der schleimigen Oberhaut liegen kleine Schuppen, die bei der Zubereitung nicht entfernt werden müssen. Schleien leben in warmen, ruhigen Gewässern und werden auch von unseren Teichwirten gezüchtet. Es sind hervorragende Speisefische mit zartem, aber leider etwas grätenreichem Fleisch.

Weißfische

Im volkstümlichen Sprachgebrauch werden weniger beliebte Vertreter aus der Familie der Karpfenartigen als Weißfische bezeichnet. Es handelt sich dabei überwiegend um silbrig beschuppte, »weißglänzende« Fische mit schmackhaftem, aber grätenreichem Fleisch. Einige wichtige Vertreter möchte ich kurz beschreiben:

Barbe

Die Barbe ist ein langgestreckter, schlanker, kräftiger Fisch. Der große Kopf mit unterständigem Maul hat zwei Barteln an der Ober- und zwei an der Unterlippe. Die Schuppen sind klein, fest und tiefsitzend. Die Färbung ist braungrün mit gelbem Bauch.
Barben sind schmackhafte Speisefische, haben aber vor allen Dingen im hinteren Körperdrittel zahlreiche kräftige und spitze Gräten. Wichtig ist, daß der Rogen der Barbe giftig ist. Zur Laichzeit sollten deshalb überhaupt keine Barben gegessen werden.
Main, Sinn und Saale waren hervorragende Barbenflüsse. Kanalisation und Ausbau der Gewässer haben die Fische allerdings zurückgedrängt. Aber auch heute sind vor allen Dingen in der Saale noch große und kräftige Barben zu fangen. Sie tauchen nur selten in den Fischgeschäften auf. Wer Gelegenheit hat, eine frische Barbe zu bekommen, sollte zugreifen und eines unserer Rezepte ausprobieren.

Brachse

Die Brachse ist ein seitlich stark zusammengedrückter, sehr hochrückiger Fisch mit kleinem Kopf. Alle Flossen sind dunkelgrau, der Rücken glänzt bleigrau, die Seiten sind hell mit Messingglanz. Brachsen können bis zehn Kilogramm schwer werden. In Unterfranken sind sie kleinwüchsig; Fische über drei bis vier Pfund Gewicht sind selten.
In manchen Gebieten wie dem Chiemsee sind Brachsen wichtige Wirtschaftsfische. Ihr Fleisch schmeckt karpfenähnlich, ist aber sehr grätenreich. Große geräucherte Brachsen schmecken ausgezeichnet, entsprechend vorbereitet können aus ihnen gute Fischgerichte zubereitet werden.

Schuppen eines alten Karpfen.

Döbel

Döbel sind schlanke, gestreckte Fische mit großen, breiten Köpfen. Die Schuppen glänzen hellsilbrig und sind bei älteren Fischen dunkel umrandet. Er ist ein typischer Flußfisch, der in annähernd allen Fließgewässern Unterfrankens vorkommt. Sein Fleisch ist zart und schmackhaft, aber leider sehr grätenreich.

Döbel an der Angel.

Güster

Die Güster sieht äußerlich der Brachse sehr ähnlich. Sie erreicht jedoch nicht ihre Größe und fällt durch die rötlichen Flossen auf. Sie ist als Speisefisch weniger begehrt, kann aber ähnlich wie die Brachse zu verschiedenen Fischgerichten verarbeitet werden.

Hasel

Der Hasel gleicht äußerlich dem Döbel, erreicht aber nicht seine Größe. Er ist ein guter Speisefisch. Sein Fleisch ist schmackhaft und relativ grätenarm. Wegen seiner geringen Größe, er wird selten über 100 Gramm schwer, ist er als Speisefisch nur von lokaler Bedeutung.

Rotauge

Rotaugen sind kräftige, gedrungene, seitlich abgeflachte Fische mit kleinem Kopf. Ihr Rücken ist olivgrün, die kräftig beschuppten Flanken glänzen silbern.
Der Schwarmfisch, der ruhige Gewässer bevorzugt, ist der weitverbreitetste Süßwasserfisch Europas.
Er ist ein guter, regional beliebter Speisefisch von örtlich großem wirtschaftlichem Wert.

Wels

Ursprünglich waren Welse im Main nicht beheimatet. Er ist der typische Großfisch des Donau-Einzugsgebietes und des Bodensees. Hier wurden auch die größten Exemplare, die bei drei Meter Länge und drei Zentnern Gewicht liegen, gefangen. Seit etwa zehn Jahren werden Welse im Main eingesetzt. Die Fische fühlen sich sehr wohl und vor allen Dingen am Unteren Main werden bereits Tiere von über 60 Pfund Gewicht gefangen.
Die langgestreckten, bauchseitig abgeplatteten Fische haben einen sehr großen, markanten Kopf mit kleinen Augen und sechs langen Barteln. Der Rükken ist dunkelgrau bis schwarz, die Flossen sind silbrig, der Bauch ist hellgrau mit dunkler Marmorierung. Seit einigen Jahren kommen auch Welse aus südosteuropäischen, vor allen Dingen jugoslawischen Teichwirtschaften zu uns.
Das grätenlose, weiße Fleisch findet reißenden Absatz. Es hat allerdings kaum Eigengeschmack, so daß kräftig zu würzen ist. Große Welse schmecken in Scheiben geschnitten und gebraten, kleinere mit verschiedenen Gemüsen gedünstet. Welse schmecken am besten, wenn sie wenigstens zehn Pfund schwer sind.

Zander

Auch Zander sind neu im Maingebiet. Vor genau 100 Jahren wurden die ersten dieser barschartigen Fische im Main ausgesetzt, wo sie sich sehr gut halten. Die gestreckten, spindelförmigen Fische sind seitlich nur wenig abgeflacht und besitzen die für barschartige Fische typischen zwei Rückenflossen mit harten, spitzen Flossenstrahlen (Vorsicht, Verletzungsgefahr beim Schuppen).
Ähnlich wie die Flußbarsche fühlen sich auch die Zander rauh an. Ihr großes Maul ist bis unter die Augen eingeschnitten und stark bezahnt. In Ober- und Unterkiefer stecken Reißzähne, auch Hunds- oder Fangzähne genannt. Der Rücken ist dunkelgrau, die Flanken glänzen silbrig und haben zehn dunkelgrau bis bläulich schimmernde Bänder. Die großen Augen stehen weit hervor und haben reflektierende Pupillen. In Unterfranken wurden schon Zander von über einem Meter Länge und mehr als zehn Kilogramm Gewicht gefangen.
Zander sind hervorragende Speisefische mit schmackhaftem, annähernd grätenlosem Fleisch. Sie sind wichtige Fische für Berufsfischer, Angler und Teichwirte.

Zander im Silbermantel

Für 4 Personen:
1 Zander (1500–2000 g)
1 Büchse Gemüsemais (250 ml)
2 geh. EL feine Erbsen aus der Dose
2 geh. EL gewürfelte Karotten aus der Dose
1 Bund Küchenkräuter (Petersilie, Schnittlauch)
1 Zitrone
125 g Butter
⅛ l Weißwein
Salz
Pfeffer
Paprika
je 1 Messerspitze Thymian und Majoran (getrocknet)

Zander küchenfertig zubereiten, dabei sorgfältig auf das Entfernen der Schuppen achten. In 4 gleichmäßige Stücke schneiden. Kopf, Schwanz und Flossen entfernen. Mit dem Saft der Zitrone beträufeln und 10 Minuten ziehen lassen.
Alufolie in ca. 20 × 20 cm großen Stücken vorbereiten.
Fischstücke gut salzen und pfeffern sowie mit einer Prise Rosenpaprika bestreuen, damit auch das dazukommende Gemüse mitgewürzt wird.
Mais, Erbsen und Karotten gleichmäßig verteilen. Die feingewiegten Kräuter, Thymian und Majoran sowie je 1 EL Butter zugeben. Den restlichen Saft der Zitrone vom Säuern des Fisches und den Weißwein darübergießen. Die Folie schließen und bei mittlerer Hitze ca. 20 Minuten dünsten.

Die Folie nur oben öffnen und auf den Tellern anrichten.
Als Beilage reicht man feine Salatkartoffeln leicht in Butter geschwenkt und frischen Salat mit Rahmdressing.
Ein leichter Wein rundet den Genuß ab.

K. Hoffmann, Thüngen

die Rezepte

dieses Buches sind, sofern nicht anders angegeben, für 4 Portionen berechnet

Räucheraal für Feinschmecker

10–12 Bundaale
2 Zwiebeln
Salatessig
1 Nelke

Welcher Sportfischer kennt sie nicht, die Schnürsenkel (kleine Aale), die an der Angel für Knoten und Schnursalat sorgen.
Aus kleinen Aalen (Schonmaß beachten!) läßt sich in geräuchertem Zustand ein herzhaftes Gericht zubereiten.
Bundaale (kleine geräucherte Aale zu einem Bund gebunden) werden in feinem Salatessig, der etwa fingerbreit in eine Kasserolle eingefüllt wird, mit einer in Scheiben geschnittenen mittleren Zwiebel und einer ganzen Nelke 10–15 Minuten gedünstet.
Die Aale auf einem langen Holzbrett mit Zwiebelringen anrichten. Gegessen wird aus den Händen und das Aalfleisch stückweise mit den Zähnen vom Rückgrat abgezogen. Dazu reicht man kräftiges Bauernbrot mit Butter sowie Radieschen oder Rettich.
Als Getränk empfiehlt sich Bier und ein guter Korn.

K. Hoffmann, Thüngen

Aal gebacken

1,5 kg Aal
Zitronensaft
Salz
Pfeffer
Semmelbrösel
Ei
Bratfett

Man verwendet dazu nicht zu starke Aale. Dem Aal die Haut abziehen und ihn in Portionsstücke schneiden, leicht mit Zitrone beträufeln, leicht salzen und pfeffern.
Den so behandelten Aal eine Stunde ziehen lassen.
In der Zwischenzeit Semmelmehl bereitstellen. Am besten ist es, die Semmelbrösel zu sieben, damit das Bröselmehl möglichst fein verwendet werden kann.
Nach einer Stunde die Aalstücke in Ei wenden und mit dem Semmelmehl panieren. Die Stücke nun in einer nur leicht gefetteten Pfanne bei nicht zu starker Hitze von allen Seiten schön anbraten und durchbraten lassen.
Man ißt zum gebratenen Aal ein herzhaftes Bauernbrot und trinkt dazu gepflegtes Pils.

Hans Eschenbacher, Nüdlingen

Aal

Gebackener Aal mit Oliven

4 Aale (ca. 1,5 kg) säubern, abziehen
500 g Lauch – in Scheiben geschnitten
2 Knoblauchzehen – feingehackt
4 EL Petersilie – feingehackt
Salz
Pfeffer aus der Mühle
1 Lorbeerblatt
60 g grüne Oliven – halbiert oder in Scheiben
40 g Semmelbrösel
¼ l herber Weißwein
4 EL Olivenöl

Lauch auf den Boden einer Auflaufform geben, Knoblauch und Petersilie darüberstreuen. Mit Salz und Pfeffer würzen und das Lorbeerblatt zufügen. Die Oliven daraufgeben und den Wein angießen. Den Aal ganz oder in 15 cm langen Stücken darauflegen. Semmelbrösel über die ganze Oberfläche streuen und besonders den Fisch mit Olivenöl beträufeln.
In der vorgeheizten Röhre bei 180° C (2–3 Gas) ca. 1½ Stunden garen. Dazu Weißbrot reichen, ebenso einen guten Frankenwein.

Familie Dr. Mehling, Würzburg

Sennfelder Räucheraal

800–1000 g geräucherter Aal
Essig
Salz
Pfeffer
Mehl zum Wenden
40–50 g Butter
1 feingewürfelte Zwiebel
ca. ¼ l trockener Frankenwein
10–12 feingewiegte Salbeiblätter

Aal häuten und in Portionsstücke schneiden, evtl. salzen, pfeffern und in Mehl wenden. Die Butter in der Pfanne erhitzen und die Zwiebel andünsten. Dann den Aal bei nicht zu starker Hitze darin braten. Mit Frankenwein ablöschen und die Salbeiblätter zufügen. Kurz einkochen lassen und servieren.
Mit neuen Kartoffeln und Gurkensalat mit viel Dill servieren.

Winfried Schleier, Sennfeld

Aal in Weingelee

1 Pfund Aal
¼ l Wasser
¼ l Wein
1 Lorbeerblatt
5 Wacholderbeeren
Saft einer Zitrone
Salz
Pfeffer
1 Zwiebel
4 Blatt Gelatine
oder 1 Päckchen gemahlene Gelatine (10 g)

Zum Verzieren:
2 gekochte Eier
1 gekochte Karotte
1 Gewürzgurke

Wasser, Wein und Gewürze aufkochen, den in 4 cm lange Stücke geschnittenen Aal in den Sud geben und 15 Minuten ziehen lassen.
Die in Scheiben geschnittenen Eier, Karotte und Gurke in eine Schüssel legen.
Die fertigen Aalstücke mit einem Schaumlöffel aus dem Sud heben und mit in die Schüssel geben.
Gelatine nach Vorschrift auflösen und in den Sud geben. Das Ganze durch ein Haarsieb abseihen und in die mit Eiern, Karotte, Gurke und Aal vorbereitete Schüssel geben.
An einem kühlen Ort erstarren lassen.
Paßt zu Butterbrot wie auch zu Bratkartoffeln.

Walter Boeck, Schweinfurt

Aal gebacken mit Salbei

2 Pfund Aal
Salbeiblätter (frisch)
Salz
Pfeffer
Mehl zum Wenden
Fett

Aale häuten, in ca. 5–8 cm große Stücke schneiden. Die Aalstücke kräftig salzen und ca. 1 Stunde ziehen lassen. Die Aalstücke in Mehl wenden und je Aalstück 1 Salbeiblatt in die Bauchhöhle stecken oder mit einem Zwirnfaden festbinden. Den Aal in heißem Fett knusprig anbraten und bei stetigem Wenden goldbraun backen.
Beilagen: Salzkartoffeln und grüner Salat.

Familie Deeg, Bad Kissingen

Aalsuppe »Mainschleife«

1000 g Kartoffeln
1000 g mittelgroße Aale
2 EL Zitronensaft
reichlich Petersilie
1 Möhre
1 Petersilienwurzel
1 Zwiebel
3 Pimentkörner
1 kleines Lorbeerblatt
2 frische Salbeiblätter
1 Liter Fleischbrühe (auch aus Würfeln)
1–2 TL Senf
¼ l trockener Frankenwein von der Mainschleife

Kartoffeln schälen und grob würfeln. Die Aale häuten und in 3 cm lange Stücke schneiden. Mit Zitronensaft beträufeln, leicht salzen und 10 Minuten ziehen lassen.
Kartoffeln mit Petersilienwurzel, Möhre, der Zwiebel, den Pimentkörnern, dem Lorbeerblatt in der Fleischbrühe 10 Minuten kochen lassen.
Aalstücke abtrocknen und mit den Salbeiblättern dazugeben und ca. 20 Minuten sieden lassen. Mit Wein und Senf abschmecken, gehackte Petersilie darüberstreuen.
Dazu gibt es dunkles Bauernbrot und fränkisches Zwetschgenwasser.

Familie Wondrak, Sommerach

Aal blau

Für 4 Personen 2 Pfund Aal, geputzt, in 3–4 cm lange Stücke geschnitten.

Sud:
2 l Wasser
5 geh. EL Salz
1 Stück Lauch
¼ Möhre
1 Stück Sellerie
1 Stück Wurzelpetersilie
½ Tomate
½ Brühwürfel
2 TL Zucker
½ Zitrone in Scheiben
¼ Apfel
½ Bund Dill
knapp ½ TL Kümmel
4 Walcholderbeeren
1 Spitzchen Lorbeerblatt
1 Blatt Salbei
½ Tasse Essig
½ Tasse Weißwein (oder mehr)
½ Zwiebel

Den Sud 10 Minuten kochen lassen. Den in Stücke geschnittenen Aal in den kochenden Sud geben, damit die Haut platzt. Nach kurzem Aufwallen ca. 20 Minuten ziehen lassen.
Dazu passen Salzkartoffeln, grüner Salat und evtl. eine Dillsoße.

Familie Deeg, Bad Kissingen

Aal

Forelle

Forelle in Folie

Pro Portion:
1 Bach- oder Regenbogenforelle
Saft einer Zitrone
1 Sträußchen Petersilie
1 Sträußchen Zitronenmelisse
1 gute Prise Meersalz
frisch gemahlener schwarzer Pfeffer
1 guter TL Butter

Forelle gründlich säubern, mit dem Saft der Zitrone beträufeln und ½ Stunde marinieren lassen.
Forelle trockentupfen, innen *und* außen salzen und pfeffern. Bauch der Forelle mit dem Sträußchen Petersilie und Zitronenmelisse füllen und die angegebene Menge Butter dazugeben. Bauch mit Fleischnadel schließen.
Forelle in gefetteter Folie gut einwickeln und im Backofen unter dem Grill ca. 45 Minuten backen.
Als Beilage empfehle ich gebutterte Kartoffeln und grünen Salat.
Getränk: Trockener Frankenwein (Großheubacher Bischofsberg).

Guntram Kunz, Amorbach

Forelle in Kräutersahne

4 Forellen
Butter für Grillpfanne
ein Becher saurer Rahm
frische Kräuter: Schnittlauch
Petersilie
Zitronenmelisse
Dill
Semmelbrösel
Zitronensaft

Forellen waschen, mit Zitronensaft säuern, innen und außen etwas pfeffern und auf die Grillpfanne legen.
Die frischen gehackten Kräuter mit der saueren Sahne vermischen und auf die Forellen geben, mit Semmelbrösel bestreuen, im Backofen bei guter Hitze ca. 20–30 Minuten garen lassen.

Hermann Obert, Weißenbach

Forellen in der Grillpfanne

pro Person 1 Forelle
Salz
Pfeffer
Pils-Bier
Butter

Forellen waschen, mit Pils-Bier säuern, salzen, innen und außen etwas pfeffern, auf die Grillpfanne legen und in den vorgeheizten Backofen schieben. Die Forellen werden dann ab und zu mit ausgelassener Butter begossen. Garzeit 20–30 Minuten.

Hermann Obert, Weißenbach

Forellen in Sahne mit Wein

4 Forellen zu 250 bis 300 g
Zitronensaft
Salz
Pfeffer (weiß)
Wein
saurer Rahm
Semmelbrösel

Forellen waschen, mit Zitronensaft oder Essig beträufeln und ca. 20 Minuten ziehen lassen.
Dann salzen, pfeffern und in eine mit Butter bestrichene feuerfeste Form legen. Darüber löffelt man dicken sauren Rahm oder Schmand, gießt seitlich etwa 1 Glas guten Frankenwein dazu, verteilt Semmelbrösel und Butterflöckchen darauf und gart die Forellen so bei ca. 200° ½ Stunde im Backofen.

Hermann Obert, Weißenbach

Gebackene Forellen

4 Forellen zu 300–350 g
40 g Butter
1 Becher Sahne
½ Becher Crème fraîche
Salz
Paprika (edelsüß)
Pfeffer

Forellen ausnehmen, gut waschen und mit Küchenpapier trocknen. Mit Salz, Pfeffer und Paprika würzen. In der Butter auf beiden Seiten 10 Minuten braten lassen. (Butter nicht zu heiß werden lassen!) Mit der Sahne ablöschen und Crème fraîche zugeben. Die Soße mit etwas hellem Soßenbinder andicken.
Beilagen: Salzkartoffeln, verschiedene Salate und als Getränk ein trockener Frankenwein.

Familie Wiesenfelder, Rieneck

Forelle blau (in Alufolie)

4 Forellen 300–350 g
3 EL Essig
1 große Stange Lauch
1 große Karotte
1 große Zwiebel
Zitronensaft

Die gut gesäuberten Forellen mit heißem Essigwasser-Gemisch übergießen (⅔ Essig, ⅓ Wasser). Etwa 10 Minuten stehen lassen.
Danach die Forellen auf Alufolie legen. Lauch, Karotten und Zwiebeln fein raspeln und die Fische damit bedecken. Etwas Zitronensaft darüberträufeln. Nach Belieben 10 g Butter pro Forelle zugeben.
Im vorgeheiztem Herd auf 250° 20 Minuten garen lassen.
Beilagen: Salzkartoffeln und grüner Salat.
Getränk: Frankenwein.

Doris Wiesenfelder, Rieneck

Forelle

Bachforelle – mit Aromaten in der Folie gegart

Je Person:
1 Bachforelle zu 250–300 g
Sauerampfer, Kerbel, Petersilie zu gleichen Teilen

Die frisch ausgenommenen Bachforellen werden innen gesalzen, gepfeffert und mit der Kräutermischung aus Sauerampfer, Kerbel und Petersilie gefüllt.
Anschließend wird jede Forelle in gebutterte Alufolie eingeschlagen.
In die Pfanne des Backrohrs oder eine Reine 1–2 cm heißes Wasser füllen und die Forellen im Wasserbad bei mittlerer Hitze garen. Die Garzeit beträgt je nach Größe des Fisches zwischen 15 und 25 Minuten.
Beilagen: Kerbelkartoffeln, Salat und ein fränkischer Rieslaner Kabinett trocken.

Gasthof Adler, Bischofsheim

Forelle

Rauchforellen mit Bauchspeck

Filets von 4 geräucherten Forellen
½ EL Butter
1 mittlere Zwiebel, gewürfelt
⅛ l Fleischbrühe
1½ Becher Crème fraîche (à 120–150 g Inhalt)
100 g geräuchertes Bauchfleisch

Die Zwiebel in der Butter glasig andünsten, geräucherte Forellen-Filets darauflegen, die vorbereitete Fleischbrühe dazugeben. Crème fraîche gleichmäßig auf die Forellen-Filets verteilen, darauf ganz fein geschnittenes, geräuchertes Bauchfleisch streuen.
In der aufgeheizten Röhre bei 180° ca. 10 Minuten, im Heißluftherd ohne Vorheizung bei 180° auch ca. 10 Minuten braten.
Zu den Forellen reicht man Reis und Butterbohnen oder Reis mit Salat, vorzugsweise auch Salzkartoffeln.

Helena Gerstner, Obervolkach

Forelle kaltgeräuchert

8 halbe Forellen von je ca. 1 kg Gewicht
600 g Salz
600 g Farinzucker

Mittelgräte und Bauchgräten der Forellen entfernen. Salz und Zucker mischen und in 4 Portionen teilen. Das erste Viertel auf die Hautseiten der Filets streuen. Die Fischteile mit der Hautseite nach unten auf eine leicht schräg gestellte Edelstahlplatte legen, damit die Flüssigkeit ablaufen kann.
Das zweite Viertel der Gewürzmischung auf die Fleischseiten verteilen. Nach 12 Stunden mit dem nächsten Viertel und nach weiteren 12 Stunden mit dem Rest die Fleischseiten würzen. Nach wiederum 12 Stunden die Filets mit klarem Wasser gründlich waschen und gut abtrocknen.
Fischfilets aufhängen und 8–13 Stunden (je nach Geschmack) mit kaltem Rauch (bis max. 20°) räuchern.

Familie Schnier, Rieneck

Salat von geräucherten Forellen

3 geräucherte Forellen
1 kleine Dose Spargel (oder 300 g Spargel, frisch gekocht und abgekühlt)
1 kleine Dose ungezuckerte Ananas
100 g Magerquark
je ⅛ l süße und saure Sahne
1 EL Preiselbeeren
Salz
Pfeffer
Salatkräuter

Die Forellen filetieren, enthäuten und zerkleinern. Spargel in Stücke schneiden und mit der Forelle und den geschnittenen Ananasscheiben in eine Schüssel geben.
Für die Salatsoße Quark, Gewürze, saure Sahne verrühren, die locker geschlagene süße Sahne unterheben. Die Soße über die Forellen geben und 1–2 Stunden ziehen lassen.

Fischzucht Georg Grimm, Erlenfurt

Fränkische Kräuterforelle

4 Forellen zu 300 g
250 g Magerquark
1 Bund Dill
1 Bund Schnittlauch
1 kleiner Bund Kerbel
Zucker
Salz
Zitronensaft
1 EL Öl
Alufolie

Kräuter waschen, trockentupfen, fein hacken und mit dem Quark glattrühren. Mit Salz, Pfeffer und Zucker pikant abschmecken.
Forellen mit der Quarkmasse füllen und einzeln in geölte Alufolie wickeln. Folie gut verschließen und im Backofen bei 200° 30–40 Minuten garen.
Beilagen: Salzkartoffeln, grüner Salat.

Hans Eschenbacher, Nüdlingen

Gefüllte Forelle

1 küchenfertige Forelle (1,3 kg)
1 Zitrone
Salz
Zitronenpfeffer
(⅓ gefriergetrockneter Zitronenabrieb
⅔ gestoßener schwarzer Pfeffer)
1 Bund Lauchzwiebeln
2 Bund Petersilie
1 Becher Crème fraîche (150 g)
1 Porreestange
⅛ l Weißwein
½ Becher Schlagsahne (125 g)
Zucker

Die Forelle innen und außen mit Zitronensaft beträufeln und mit Salz und Zitronenpfeffer einreiben.
Lauchzwiebelringe mit gehackter Petersilie und Crème fraîche verrühren. Mit Salz und Zitronenpfeffer abschmecken; in die Forelle streichen.
In eine ofenfeste Form geben, Wein zugießen und in den Backofen schieben (200°, Gas: Stufe 3 schalten) und 40 Minuten backen.
Sud abgießen, mit der Sahne cremig einkochen lassen. Mit Salz, Zucker und Pfeffer abschmecken.
Dazu: Sesamkartoffeln.

Norbert Schmid, Bad Neustadt

Salat von Buschbohnen und Bachforellenfilet

Junge Buschbohnen für 4 Personen
4 Bachforellen zu 250 g
Butter

Für die Vinaigrette:
Traubenkernöl
Weißweinessig
Salz
weißer Pfeffer

Kleine Buschbohnen in reichlich Salzwasser »auf den Punkt« kochen, in Eiswasser abschrecken und warmstellen.
Forellen sorgfältig filetieren, auch die Haut entfernen, in 1–2 cm breite Streifen schneiden und in aufschäumender Butter anschwenken (1–1,5 Minuten, je nach Größe).
Anschließend richtet man Bohnen und Filetstreifen auf einem Teller und beträufelt beides mit einer milden Vinaigrette aus Traubenkernöl, Weißweinessig, Salz und weißem Pfeffer.
Die Filetstreifen kann man noch mit gezupften Kerbelblättchen bestreuen.
Als Beilagen empfehlen wir ein mildes Roggenmischbrot und einen fränkischen Silvaner, Spätlese trocken.

Gasthof Adler, Bischofsheim

Forelle »Katharinenhof«

4 Forellen
Zitronenpfeffer
(⅓ gefriergetrockneter Zitronenabrieb,
⅔ gestoßener schwarzer Pfeffer)
etwas Butter

Die ausgenommene Forelle fein säubern, mittels weichem Tuch abtupfen, leicht salzen, innen und außen mit Zitronensaft beträufeln. Danach die Forelle mit Zitronenpfeffer stark würzen, einen Stich Butter in den Fisch geben und in heißem Öl braten oder grillen.
Mit einigen Zitronenscheiben und Salatblatt anrichten und mit grünem Salat servieren.
Anmerkung: Wer auch sonst alles mit Haut und Haaren verzehrt, ist gut daran, denn die Haut sollte mitgegessen werden.

Ottmar Schmitt, Waldbüttelbrunn

Forelle im Pfannkuchenteig

4 Forellen zu 300 g
Pfannkuchenteig, leicht gesalzen
Salz und Pfeffer

Die Forellen säubern und die Köpfe abschneiden (größere Fische filetieren).
Einen möglichst zähen, leicht gesalzenen Pfannkuchenteig herstellen und die Fische darin wenden.
Pflanzenfett in eine Pfanne geben und die Fische auf beiden Seiten goldbraun braten.

Familie Heumüller, Wasserberndorf

Forelle

Forelle »Rhön-Jäger«

4 Forellen zu 300 g
Salz
Pfeffer
Saft einer Zitrone
1 Dose Champignons
2 Bund Petersilie
Butter zum Braten

Die vorbereiteten Forellen salzen, pfeffern, mit Zitronensaft beträufeln und 1 Stunde marinieren.
Zwischenzeitlich die Champignons schneiden und mit der gehackten Petersilie mischen. Die Masse leicht salzen und pfeffern und in die Forellen füllen.
Bauch mit einem Holzspieß schließen.
Die Forellen in einer Bratpfanne mit Deckel in Butter dünsten. Nach 20 Minuten den Deckel entfernen.
Wenn die Fische leicht gebräunt sind, servieren.
Beilagen: Salzkartoffeln und Gurkensalat.

Fritz Heß, Oberfladungen

Forelle »Rhön-Müllerin«

4 frische Forellen zu 300 g
Salz
Pfeffer
Saft einer Zitrone
Mehl
Eigelb
Semmelbrösel
Butter zum Braten

Forellen putzen, außen und innen salzen, pfeffern, mit Zitronensaft beträufeln und 2 Stunden marinieren lassen. Trockentupfen, mit Mehl, Eigelb und Semmelbrösel panieren und in Butter goldbraun braten.
Beilagen: Kartoffelsalat, Pils und ein eiskalter Klarer.

Fritz Heß, Oberfladungen

Forelle

Spessarträuber-Forelle

4 Forellen zu 300–350 g
Butter
Salz
weißer Pfeffer
Petersilie
Zwiebelringe
Alufolie

Forellen gut waschen und mit Küchenpapier trocknen. Auf die Alufolie legen, salzen, pfeffern (frisch gemahlenen Pfeffer verwenden). 1 TL Butter und etwa 1–2 kleine Stengel Petersilie in den Bauch jeder Forelle geben und 5–6 Zwiebelringe auf jeden Fisch legen. Alufolie nach oben schließen. Die Enden der Folie etwas nach oben kippen, damit der Saft nicht herauslaufen kann.
Herd auf 250° vorheizen und die Forellen 20 Minuten garen lassen.
Beilagen: Salzkartoffeln und Kopfsalat.
Getränke: Frankenwein, nach Möglichkeit Müller-Thurgau-, Silvaner- oder Rieslingarten fein-herb.

Familie Wiesenfelder, Rieneck

Gravlax aus Forellen (Gebeizte Forelle)

1 große Forelle von ca. 1 kg Gewicht
5 Bund frischer Dill
4 EL Salz
3 EL Zucker
1 EL frisch gemahlener weißer Pfeffer

Alufolie

Den Fisch ausnehmen, waschen und der Länge nach halbieren. Rückgrat und alle Gräten sorgfältig entfernen.
Jedes Filet mit der Haut nach unten auf ein großes Stück Alufolie legen. Die Innenseiten dick mit gehacktem Dill bestreuen. Salz, Pfeffer und Zucker mischen und jeweils die Hälfte auf die Filets streuen.
Alufolie und Fischfilets zusammenrollen, die Folie gut verschließen.
Fisch im Steingutgefäß 48 Stunden kühl lagern, dabei 3–4mal wenden. Nach 48 Stunden ist der Fisch gebeizt.
Die Folie wird geöffnet und die Filets werden entnommen. Mit einem Messerrücken werden Dill und Gewürze abgestreift und die Filets mit Haushaltspapier abgetupft.
Der Fisch wird mit der Haut nach unten auf ein Holzbrett gelegt und mit einem Messer dünn aufgeschnitten.

Dazu werden Toastbrot mit Zitronenscheiben und Senfsauce serviert.
Senfsauce: 3 EL scharfer Senf werden mit 1 TL Öl, 1 EL Weinessig und 3 EL der Pökelflüssigkeit vermischt.

Familie Wondrak, Sommerach

Forelle

Forellen-Pizza

Für den Hefeteig:
250 g Weizenmehl
½ Päckchen Hefe
1 TL Zucker
1 Prise Salz

für den Belag:
400 g geräuchertes Forellenfilet
½ Becher Sahne
½ Becher saure Sahne
1 kl. Becher Crème fraîche
1 Bund Dill
4 Eier
2 hartgekochte Eier
1 Zitrone (unbehandelt)
1 Glas deutscher Kaviar
Pfeffer
Salz

1 Pizzaform (28 cm ∅).

Hefeteig zubereiten, gehen lassen und die Pizzaform damit auslegen. Nochmals gehen lassen. Teig mit Eigelb dünn bepinseln.
Forellenfilets zerpflücken und sorgfältig entgräten.
Mit der süßen und sauren Sahne, Crème fraîche und 4 rohen Eiern verquirlen. Mit Salz und Pfeffer abschmecken. Dill kleinhacken und untermischen (etwas Dill zum Garnieren behalten).
Die Masse auf den Teig geben und im vorgeheizten Rohr bei 220° ca. 30 Minuten backen. Pizza aus der Form lösen und auf eine runde Platte legen.
Hartgekochte Eier in Scheiben schneiden, auf den Kuchenrand legen und auf jede Eischeibe 1 TL Kaviar geben. Mit etwas Dill garnieren.
Mit Zitronenschnitzen servieren.

Ingrid Schnier, Rieneck

Fo-Wein-Champ (Chinesisches aus Thüngen)

2 frische Forellen zu 300 g
1 kl. Dose Champignons
1 kl. Zwiebel
¼ Bund Schnittlauch und Petersilie
2 EL Butter
1 EL frischer Dill
1 EL Mehl
¼ l herber Weißwein
Saft einer Zitrone
Pfeffer und Salz
1 Eigelb
3 EL süße Sahne

Forellen säubern, trockentupfen und mit ⅔ des Saftes der Zitrone säuern.
Flache Deckelkasserolle mit der Butter ausstreichen.
Zwiebel fein, Champignons grob würfeln und mit der feingeschnittenen Petersilie und dem Schnittlauch in die Pfanne geben. Den Weißwein und den Rest des Zitronensaftes darübergießen.
Fische pfeffern und salzen und ebenfalls in die Kasserolle geben. Alles zugedeckt bei schwacher Hitze ca. 12 Minuten dünsten.
Fische entnehmen und auf einer angewärmten Platte anrichten.
Den Fischsud kurz aufkochen lassen, verquirltes Eigelb mit der Sahne zugeben, evtl. mit Mehl nachdikken.
Soße abschmecken, mit Salz und Pfeffer nachwürzen, gehackten Dill unterrühren.
Die Soße über die Fische gießen und servieren.
Dazu schmecken Salzkartoffeln, grüner Salat und Frankenwein.

Klaus Hoffmann, Thüngen

Hecht

Mainhecht – sauer eingelegt

1 Hecht von ca. 1500 g
½ l Weinessig
¼ l herber Frankenwein
1 mittelgroße Zwiebel
1 Lorbeerblatt
1 TL Senfkörner
4 Pimentkörner
½ TL Pfefferkörner – weiß
Mehl, Salz, Zucker (zum Abschmecken)
Öl zum Braten

Hecht schuppen, ausnehmen, Kopf abschneiden. Den Fisch in dreifingerdicke Scheiben schneiden. Anschließend salzen, in Mehl wenden und im heißen Öl braunbraten.
In der Zwischenzeit den Essig mit den Gewürzkörnern erhitzen, den Wein und ¼ l Wasser hinzugeben, mit einer Prise Salz und mit Zucker abschmecken.
Die gebratenen Hechtstücke in ein hohes, verschließbares Glasgefäß schichten. Zwischen die einzelnen Fischlagen die in Ringe geschnittenene Zwiebel verteilen. Gewürzessig darüberschütten. Die Fischstücke müssen gut bedeckt sein. Gefäß verschließen und 4–5 Tage kühlstellen.
Beilagen: Schwarzbrot oder Bratkartoffeln und ein kühles Weizenbier.

Familie Wondrak, Sommerach

Fischragout mit Klingenberger Rotem

800 g Hechtfilet (auch Zander, Barsch, Karpfen oder gemischt)
⅜ Klingenberger Rotwein (trocken)
50 g Speck
1 Zwiebel
70 g Mehl
1 saure Gurke oder Mixed Pickles (Glas)
⅜ l Brühe
2 EL Senf
Salz
1 TL Paprika
1 Prise Zucker

In den erhitzten Speckwürfeln die feingeschnittene Zwiebel und das Mehl bräunen und mit der kochendheißen Brühe und dem Rotwein zu einer glatten Soße verrühren. Mit Senf, Salz, Paprika, Zucker und Zitronensaft abschmecken.
Das mit Zitronensaft gesäuerte und gesalzene Fischfilet in Würfel schneiden und in der Soße auf kleiner Flamme garziehen lassen. Zuletzt die gewürfelte Gurke oder die Mixed Pickles hinzugeben.
Beilage: Petersilienkartoffeln und gemischter Salat.

Heinz Drogla, Bettingen/Wertheim

Hecht

Rotaugenfilets für die Hechtfülle.

Gefüllter Hecht in Weinsoße

1 Hecht von 2–3 Pfund (geschuppt, ausgenommen, gewaschen)
2 Becher süße Sahne
¼ l weißer Frankenwein
6 Wacholderbeeren
Salz
Pfeffer
5–10 Salbeiblätter

Fülle:
1 Pfund Weißfisch (z. B. Rotaugen)
¼ Pfund Speck
1 kleines Brötchen (eingeweicht)
1 kleine Zwiebel
Salz
Pfeffer
1 Ei

Weißfisch im siedenden Wasser garen, die Rückengräte entfernen und mit dem Speck, der Petersilie, der Zwiebel und dem Brötchen durch den Fleischwolf drehen. Mit Pfeffer und Salz würzen. Den Hecht würzen, mit dem Fischteig füllen und den Bauch zunähen. Die Sahne, den Weißwein, die Salbeiblätter und die zerdrückten Wacholderbeeren in der Grillpfanne in der Backröhre zum Sieden bringen. Den Hecht hineinlegen und bei 180° 40 Minuten sieden. Während des Garens den Hecht öfters übergießen.

Den fertigen Hecht herausnehmen und die Soße mit etwas Wasser aufgießen und abschmecken.
Den Hecht vor dem Servieren in gleichmäßige Stücke zerteilen.
Als Beilage Salzkartoffeln und grüner Salat.

Magdalena Roth, Gemünden

Hecht mit Sauerkraut

800 g Hechtfilet
Mehl
¼ l Sahne
2 Eier
Semmelbrösel
100–150 g Reibekäse
1 kg Sauerkraut
Butter
Zitronensaft
Salz

Hechtfilet in Stücke schneiden und mit Zitronensaft beträufelt 20 Minuten ziehen lassen. Trockengetupft salzen, in Mehl wenden und in Butter hellbraun und krustig braten.
Sauerkraut schmoren, dabei möglichst viel Flüssigkeit verdampfen lassen.
Feuerfeste Form ausbuttern und den Boden daumendick mit dem Sauerkraut bedecken. Darauf kommen Fischstücke, man bedeckt sie mit Kraut, legt den Rest der Fischstücke darüber und schließt mit einer Lage Sauerkraut.
¼ l Sahne und 2 Eier schlagen und das Gericht damit begießen.
Den Reibekäse mit Semmelbrösel mischen und darüberstreuen.
Im vorgeheizten Rohr bei mittlerer Hitze 30 Minuten backen.
Mit einer Grilleinrichtung kann die Kruste besonders knusprig braun werden.
Beilage: Ein cremig-lockerer Kartoffelbrei.

Heinz Drogla, Bettingen/Wertheim

Hecht

Gespickter Hecht in Rahmsoße

1 Hecht von 3–4 Pfund
200 g Räucherspeck
200 ml Sauerrahm
1 Zitrone
1 Bund Dill
1 Bund Petersilie
Pfeffer
Salz
Butter

Hecht säubern und mit dem in Streifen geschnittenen Räucherspeck spicken. Mit Zitronensaft beträufeln. Anschließend mit Salz, Pfeffer und dem frischgehackten Dill einreiben und 1 Stunde ziehen lassen. Den Hecht in eine gut ausgebutterte Pfanne legen, mit Sauerrahm übergießen und 30–40 Minuten (je nach Größe des Fisches) schmoren lassen. Den fertigen Hecht aus der Pfanne nehmen, die Soße etwas einkochen lassen oder mit Mehl leicht binden.
Den Hecht servieren wir mit Petersilienkartoffeln.

Erich Boeßler, Münnerstadt

Fischfondue

1 Hecht von 2–2½ kg
1 Liter Fleischbrühe vom Rind

Hecht filetieren, enthäuten und entgräten. Filets in 1½–2 cm große Würfel schneiden, mit Zitrone beträufeln und in Portionsschüsseln verteilen.
Die Fleischbrühe im Fonduetopf erhitzen. Die Fischwürfel auf Fonduegabeln stecken und 2–3 Minuten in der heißen Brühe ziehen lassen.

Dazu gibt man nach Wahl:

heiße Soßen:	kalte Soßen:
Senfsoße	Sahnemerrettich
Dillsoße	Remouladensoße
Tomatensoße	Mixed Pickles

und Stangenweißbrot

Judith Kohnert, Stockstadt

Karpfen

Schmorkarpfen

4 Stück Karpfenfilets à 150 g
Salz
Pfeffer
Saft einer Zitrone
1 große Zwiebel
Petersiliengrün
125 g Butter
125 g Margarine

Die Filets werden 1 Stunde vor der Zubereitung auf einer Platte mit Salz, Pfeffer und Zitronensaft gut gewürzt und mit der feingehackten Zwiebel und Petersilie bestreut.
In einem Schmortopf Butter und Margarine erhitzen. Die vorbereiteten Filetstücke mit ihrem Saft in das heiße Fett einlegen und auf kleiner Flamme ca. 20–30 Minuten garschmoren.
Dazu reicht man Salzkartoffeln, Kopfsalat und lauwarmes Apfelkompott, das mit Kognak abgeschmeckt wird.

Irmgard Wurdak, Aschaffenburg

Gebackener Karpfen

1 Karpfen von 1,5 kg Gewicht (reicht für 2–3 Personen)
Salz
Pfeffer
Zitronensaft
Weizenmehl oder Weizengrieß
Butterschmalz

Den Karpfen ausnehmen, waschen und der Länge nach spalten. Kopf und Schwanzflosse möglichst genau in der Mitte zerteilen, so daß 2 annähernd gleiche Fischhälften entstehen. Der Karpfen kann auch quer in 2 cm breite Stücke geteilt werden. Die Handhabung, vor allem das Ausbacken, ist dann einfacher.
Den vorbereiteten Karpfen mit Zitronensaft beträufeln, salzen, pfeffern und ½ Stunde ziehen lassen. Butterschmalz auf 160°C erhitzen und die Fischteile goldbraun ausbacken. Die Flossen sollen schön knusprig werden – sie sind eine Delikatesse.
Die Karpfen mit Kartoffelsalat, grünem Salat und trockenem Frankenwein servieren. Auch ein kühles Bier schmeckt zum gebackenen Karpfen vorzüglich.
Die Karpfenstücke können nach dem Würzen auch mit Mehl, Ei und Semmelbröseln paniert und in Butterschmalz ausgebacken werden. Der Fisch bleibt auf diese Weise besonders saftig und zart.

Familie Kraus, Würzburg

Karpfen

Karpfen

Karpfen im Bierteig

1 Karpfen von 3–4 Pfund
Bierteig:
125 g Mehl
⅛ l helles Bier
1 Eigelb
1 kräftige Prise Salz
1 Prise Muskat
1 TL Öl
1 Eiweiß

Der Karpfen wird geschuppt, ausgenommen, gewaschen und anschließend der Länge nach halbiert. Flossen und Kopf sind abzutrennen. Die Karpfenhälften werden in 2 cm breite Stücke geschnitten, gesalzen und 1 Stunde kühlgestellt.
In der Zwischenzeit wird der Bierteig gefertigt.
Mehl, Bier, Eigelb, Salz und Muskat zu einem dickflüssigen Teig verrühren, dann das Öl zugeben und das steifgeschlagene Eiweiß unterheben.
Die Karpfenstücke jetzt mit Haushaltspapier trokkentupfen, im Bierteig wenden und in heißem Fritierfett goldbraun backen.
Dazu passen Salzkartoffeln, ein bunter Salatteller und helles Bier.

Familie Wondrak, Sommerach

Karpfen in Salbeisoße

1000–2000 g Karpfen (geschuppt, ausgenommen, gewaschen)
1 Päckchen Sauerbratengewürz
200 g süße Sahne
10 g Salbei (frisch oder getrocknet)
etwas klare Brühe

Karpfen gut salzen und pfeffern und einige Stunden durchziehen lassen. Sauerbratengewürz mit ½ l Wasser kräftig kochen, den Sud in die Grillpfanne des Backofens seihen, die Sahne und den Salbei dazugeben. In die Backröhre schieben, zum Sieden bringen und den Karpfen hineinlegen. Bei 180° ca. 35–45 Minuten (je nach Größe des Fisches) garen. Den Karpfen während des Garens öfters mit der Soße übergießen. Je nach gewünschter Soßenmenge noch etwas Wasser nachfüllen und bei Bedarf mit klarer Brühe würzen.
Als Beilage schmecken Salzkartoffeln und grüner Salat besonders gut.

Magdalena Roth, Gemünden

Karpfen in weißer Soße

1 kg Karpfen in 4 Portionen teilen

zum Sud:
1½ l Wasser
⅛ l Weinessig
¼ l trockener Frankenwein
1 TL Salz
1 TL Senfkörner
1 TL Pfefferkörner
1 TL gekörnte Brühe
5 Wacholderbeeren
1 kl. Lorbeerblatt
1 gr. Zwiebel

zur Soße:
30 g Butter
40 g Mehl
2 EL Crème fraîche
1 Eidotter
½ l Fischsud

Aus den Zutaten den Sud 10 Minuten kochen.
Dann die Karpfenteile darin schwach kochen lassen, ca. 20 Minuten. Karpfenteile vorsichtig herausnehmen und in einer flachen Form zugedeckt warmstellen. Fischsud durch ein feines Sieb gießen, ca. ½ Liter davon etwas abkühlen lassen. Mehl in Butter hell anschwitzen, mit dem Sud langsam aufgießen und mit dem Schneebesen glattrühren, kurz aufkochen lassen.
Mit Crème fraîche und Eigelb verfeinern, evtl. nachwürzen. Mit Zitronensaft und Wein abrunden.
Die Soße über die angerichteten Karpfenstücke gießen.
Dazu schmecken Salzkartoffeln und Blattsalat.

Gerdi Hansen, Würzburg

Karpfen

Karpfen mit Meerrettichsahne

2 Karpfen von ca. 1,5 kg
1 Tasse Essig
1 Tasse Wasser
Salz

Für den Sud:
1 l Wasser
¼ Sellerieknolle
1 große Möhre
1 Petersilienwurzel
1 kl. Stange Lauch
1 Zwiebel, in Ringe geschnitten
3 Scheiben Zitrone (unbehandelt!)
3 Lorbeerblätter
7 Walcholderbeeren
4 Gewürznelken
4 Pimentkörner
Salz
Zucker
etwas Speisestärke
1 EL Butter

Für die Meerrettichsahne:
1 Glas geriebener Meerrettich (150 g)
1 großer säuerlicher Apfel
¼ l Schlagsahne
Salz
Zucker

Die sorgfältig vorbereiteten Karpfen halbieren, auf der Innenseite mit Salz einreiben und mit der Außenseite nach oben auf eine Platte legen. Essig und Wasser etwas erwärmen und über die Fische gießen. Einige Zeit stehen lassen.
Für den Sud Wurzeln, Lauch und Zwiebel schneiden. Zusammen mit den anderen Gewürzen in 1–1½ l Wasser ca. 15 Minuten im Dampfkochtopf kochen. Den konzentrierten Sud abkühlen lassen. Die Karpfen in ein genügend großes Gefäß legen und den Sud darübergießen. Mit Wasser auffüllen bis die Fische ganz bedeckt sind (evtl. noch Salz zufügen). 1 EL Butter dazugeben. Bis zum Siedepunkt erhitzen und ca. 30 Minuten (je nach Fischgröße) ziehen lassen (das Wasser darf nicht sprudeln!).
Die garen Fische auf eine heiße Platte legen, mit den Wurzeln, frischer Petersilie und Zitronenscheiben garnieren, mit etwas Sud begießen und warmstellen. Dann vom Sud die benötigte Menge abnehmen, mit etwas angerührtem Stärkemehl binden und abschmecken.
Die Meerrettichsahne kann schon am Tag zuvor zubereitet werden:
Die Sahne steifschlagen. Den fertigen Meerrettich in ein Gefäß geben, den geschälten Apfel reiben und untermischen. Dann die Sahne unterziehen und alles mit Salz und Zucker abschmecken. Anschließend in eine Plastikform füllen und im Tiefkühlfach stehen lassen bis die Masse schnittfest ist.
Als Beilagen eignen sich Salzkartoffeln und gekochte Salate, z. B. Sellerie, gelbe Rüben, rote Rüben, Spargel. Man kann auch noch etwas zerlassene (nicht braune!) Butter reichen.

Gudrun Plewka, Aschaffenburg

Feine Karpfensuppe

Ca. 1,5 kg Karpfenabfälle, am besten Köpfe, Reste vom Filetieren etc.
1 große Petersilienwurzel
1 Möhre
1 TL Senfkörner
2 Körner Piment
½ TL schwarzer Pfeffer
½ TL weißer Pfeffer
1 kleines Lorbeerblatt
Salz
Rogen von 1 Karpfen
Muskatnuß, frisch gerieben
1 Schuß Cognac

Karpfenstücke, geputztes Gemüse und Gewürze in einen großen Topf geben und mit Wasser bedeckt zugedeckt 1 Stunde schwach kochen lassen.
Die Brühe abseihen, Karpfenstücke, Gewürze und Gemüse wegwerfen.
Den Karpfenrogen enthäuten, in ein feines Sieb geben und mit einem Holzquirl durch das Sieb in die kochende Brühe passieren. Der Rogen verfärbt sich goldgelb und die Brühe klärt sich.
Die Suppe mit 1 TL Speisestärke leicht binden und mit Salz, Pfeffer, Muskatnuß und einem Schuß Cognac abschmecken.
Dazu passen in Butter geröstete Weißbrotwürfel.

Familie Wondrak, Sommerach

Gefüllter Zitronenkarpfen

1 Karpfen von 1,5–2 kg
Salz
Pfeffer
Muskat
Thymian
2 Zitronen, unbehandelt
2 Bund Petersilie
2 Bund Dill
Salbei
Crème fraîche
¼ l weißer Frankenwein

Karpfen säubern und mit Salz und Pfeffer würzen. Bauch mit einer halben, in Scheiben geschnittenen Zitrone und je 1 Bund Dill und Petersilie füllen.
Den Fisch in eine gefettete Glasform legen, mit Zitronensaft beträufeln und bei mittlerer Hitze 50–60 Minuten garen. Nach der halben Garzeit den Karpfen mit dem Weißwein übergießen.
Wenn der Fisch durch ist, den Fisch herausnehmen und die Soße mit Crème fraîche, Dill, Petersilie und Zitrone abschmecken.
Beilagen: Salzkartoffeln und Feldsalat.

Rosemarie Bauer, Stockstadt

Geräucherte Karpfen und Brachsen

Fische bis 1 kg werden ganz geräuchert, Fische, die das Gewicht übersteigen, werden der Länge nach im Verlauf des Rückgrates geteilt.
Den Fisch waschen, Nieren und Kiemen gut entfernen.
Die Fische werden dann in eine Gewürz-Salzlake eingelegt, worin sie ca. 10–12 Stunden verbleiben.

Gewürzlake: (Rezept für ca. 3 kg Fische)
5 l Wasser
500 g Salz
5 TL schwarzen Pfeffer, gemahlen
3 TL Thymian
15 Wacholderbeeren
2 Lorbeerblätter
1 TL Majoran
1 TL Dillspitzen

Die Fische aus der Lake nehmen, sauber waschen, an Räucherhaken aufhängen und abtropfen lassen. So lange hängen lassen, bis sich kein Wassertropfen mehr am Fischschwanz bildet (ca. 30 Minuten).
Einhängen der Fische in den angeheizten Räucherofen, langsam die Temperatur steigern. Etwa 20–30 Minuten, dies ist die Zeit des Trocknungsprozesses. Nun wird die Temperatur erhöht auf ca. 70–80°.
Handprobe: Der Räucherofen läßt sich gerade noch berühren. 10–15 Minuten die Temperatur halten, die Glut mit Sägemehl abdecken und die Fische garräuchern. Diese Zeit beträgt nochmals etwa 30–40 Minuten.
Die Fische aus dem Ofen nehmen und zum Abkühlen aufhängen (nicht legen).

Klaus Hoffmann, Thüngen

Bouillabaisse vom Karpfen

1 kg Karpfen
1/16 l Öl
3 kleine Stangen Lauch
200 g Zwiebeln
6 Tomaten
1 Zitrone
2 Knoblauchzehen
Salz
1/8 l Wein
Bouillon (Suppe)
Petersiliengrün

Ganz klein geschnittene Zwiebeln, Lauch und Tomaten im heißen Öl anlaufen lassen und den in Stücke geschnittenen Fisch dazugeben. Zitronensaft, Knoblauch, Salz, Weißwein und Bouillon-Suppe dazugeben und die Fischstücke in dieser Flüssigkeit fertigdünsten. Je nach Geschmack „mit der Prise Zucker und Pfeffer“ abschmecken und mit frischem Stangen-Weißbrot servieren.

Irmgard Wurdak, Aschaffenburg

Karpfen

Fränkischer Weihnachtskarpfen

Für 4 Personen benötigt man 4 Pfund Karpfen

Sud:
25 Pfefferkörner
Lorbeerblätter
1 EL Zucker
5 EL Salz
2 TL gekörnte Brühe
2 TL Maggi-Würze
1 l Wasser
¼ l Weißwein
⅛ l Essig
¼ Stange Lauch in Stücken
3 Karotten in Scheiben
2 mittelgroße, in Ringe geschnittene Zwiebeln

Die Karpfen unter fließendem Wasser vorsichtig abspülen, aber nicht schuppen, denn nur so wird der Fisch schön blau.
Den Fisch innen trocknen, gut salzen und pfeffern. In der Zwischenzeit den Sud mit den genannten Zutaten ansetzen. Sud 15 Minuten kochen, damit sich die Gewürze entfalten können. Den Karpfen über eine Tasse stülpen und mit heißem Sud übergießen – 10 Minuten stehen lassen. Der Fisch wird blau.
Karpfen in den kochenden Sud legen, den aufgefangenen Sud, mit dem der Karpfen übergossen wurde, dazugeben, warten, bis der Sud von neuem kocht, dann bei schwacher Hitze den Karpfen 20 Minuten in geschlossenem Topf ziehen lassen. Der Karpfen muß nicht ganz vom Sud bedeckt sein.
Den Fisch auf einer vorgewärmten Platte mit heißer Butter oder Sahnemeerrettich und Petersilienkartoffeln servieren.
Dieses Rezept ist auch für Wels, Schleie und Forelle blau geeignet.

Helena Gerstner, Obervolkach

Karpfen

Sommeracher Sonntagskarpfen

1,5 kg Karpfen ganz oder portioniert
2–4 EL Zitronensaft
Salz
gewiegte Kräuter wie Petersilie, Zitronenmelisse, Salbei, Kerbel
etwas Paprika
weißen Pfeffer

4 Tomaten in Scheiben
gehackte Petersilie
50 g geriebener Käse
3 EL saurer Rahm
evtl. etwas Wein

oder
30 g Speck
1 Zwiebel
1 Paprikaschote
3 EL Rahm

Den frischen Karpfen waschen, evtl. portionieren, säuern, etwas durchziehen lassen, salzen, mit den gehackten Kräutern und den Gewürzen einreiben. Aluminiumfolie ölen und buttern. Den Fisch auf die Folie legen und mit den Geschmackszutaten belegen. Der Belag aus Speck, Zwiebeln und Paprika muß vorher weichgedünstet werden. Die Folie locker über den Fisch schlagen und verschließen. In der vorgeheizten Röhre bei 200° 45 Minuten garen. Der sich bildende Saft kann evtl. abgegossen und leicht gebunden werden.

Familie Wondrak, Sommerach

Fischsuppe vom Karpfen

1 Karpfen (2–3 Pfund)
Salz
1 Zwiebel
2–3 gelbe Rüben
½ Sellerieknolle
1 Liter Wasser
⅛ l Dosenmilch
2 EL Mehl
ca. 1–1½ TL Dill

Karpfen säubern, in Sücke schneiden und salzen. Suppengrün mit Wasser 1 Stunde kochen und herausnehmen. Anschließend Dosenmilch verquirlt mit Mehl unterrühren, Salz und getrocknete Dillspitze dazugeben.
Dann die Karpfenstücke in die Suppe legen und ca. 15 Minuten auf kleiner Flamme kochen lassen.
Die garen Karpfenstücke kann man auch entgräten und das Karpfenfleisch wieder in die Suppe geben.
Dazu schmecken ausgezeichnet Bandnudeln. Wer will, kann auch Teile des Wurzelgemüses dazu essen.

Hans und Christa Bär, Würzburg

Karpfengulasch

½ kg Karpfenfilet
2 Zwiebeln
2 Paprikaschoten
2 Tomaten
2 EL Paprika edelsüß
1 Schuß fränkischer Rotwein

Fisch in Stücke schneiden, Gemüse würfeln. Mit 4 großen Tassen Wasser zum Kochen bringen und etwa 1 Stunde kochen.
2 EL Paprika edelsüß hinzufügen und mit Salz und einem Schuß Rotwein abschmecken.
Dazu gibt es Weißbrot, aber auch Nudeln (Spätzle) sind eine gute Beilage.

Familie Wurdak, Aschaffenburg

Fischkräpfchen

1 Karpfen von 1 kg
1 Päckchen Fischgewürz
2 Knoblauchzehen
1 gr. Zwiebel
1 kl. Bund Petersilie
2 Eier
2 Brötchen
etwas Semmelmehl
Salz
Pfeffer

Wasser in einen größeren Topf geben, dazu das Fischgewürz und etwas Salz. Karpfen teilen, damit er schneller durch ist, und 20–25 Minuten garen. Wenn das Fleisch sich leicht von den Gräten löst, herausnehmen und kalt werden lassen.
Das Fleisch, Knoblauch, Zwiebel und Petersilie durch den Fleischwolf drehen. In die Fischmasse Eier, Salz und Pfeffer dazugeben und gut vermischen. Wenn die Masse zu weich ist, noch etwas Semmelmehl hinzufügen.
Kräpfchen formen und in Semmelmehl wenden, in einer Pfanne mit etwas Margarine herausbacken.
Dazu kann man Kartoffelstücke und Salat reichen.

Gabriele Schulz, Astheim

Karpfen

Karpfenauflauf

1 Karpfen, ca. 2 Pfund
Salz und Pfeffer
1 Zwiebel
einige Tropfen Speisewürze
1 Ei
1 mit Salz zerdrückte Knoblauchzehe
1 Bund Schnittlauch
1 Bund Petersilie

zum Bestreichen:
1 Becher saure Sahne
je 1 EL geh. Petersilie und Schnittlauch
Salz und Pfeffer
1 EL geriebener Gouda
1 bis 2 EL Semmelbrösel
1 Eidotter

Karpfen über Nacht salzen.
Wasser zum Kochen bringen, Karpfen in den Topf geben und 10 Minuten leise ziehen lassen, herausnehmen, Fischfleisch von den Gräten lösen, mit Zwiebeln und Kräutern durch den Fleischwolf drehen, mit Salz, Pfeffer, Speisewürze und Knoblauch kräftig abschmecken.
Feuerfeste Form buttern und bröseln, Masse einfüllen. Obenauf Mischung aus saurer Sahne, Kräutern und Käse streichen. Im vorgeheizten Backofen auf 30 Minuten bei ca. 200° backen. Dazu schmeckt am besten ein frischer Salat (evtl. Béchamelkartoffeln).

Franz und Marie Riedl, Würzburg

Schleie blau

4 küchenfertige Schleien von 250–300 g

Für den Sud:
ca. 2 l Wasser
6 gehäufte EL Salz
4 Nelken
20 Pfefferkörner
1 Lorbeerblatt
2 geschnittene Zwiebeln
¼ Sellerieknolle
¼ TL Ingwer
¼ l herber Weißwein

Wasser mit den Zutaten außer Wein und Ingwer 20 Minuten kochen lassen. Der Sud muß dann würzig und kräftig salzig schmecken. Wein und Ingwer hinzugeben und die Schleien in den Sud legen (Vorsicht, ganz frische Fische fangen wieder zu zappeln an!).
Sud kurz aufkochen und die Fische in ca. 25 Minuten garziehen lassen. Die Schleien sind fertig, wenn sich die Rückenflosse herausziehen läßt.
Schleie blau wird mit zerlassener Butter, Salzkartoffeln und grünem Salat serviert.

A. Werner, Miltenberg

Schleien in der Alufolie

4 Portionsschleien zu 300 g
3 Zwiebeln
2 Knoblauchzehen
50 g Dörrfleisch
2 EL Margarine
1 Bund Dill
1 Bund Petersilie
50 g Kräuterbutter
Estragon und Basilikum nach Geschmak

Zwiebeln, Knoblauch und Dörrfleisch kleinschneiden und in der Margarine 10 Minuten dünsten. Dill und Petersilie hacken und mit der Kräuterbutter dazugeben. Schleien ausnehmen und innen und außen mit Salz und Pfeffer würzen.
Mit der Masse füllen, einzeln in Alufolie wickeln und gut verschließen. Die Fische auf ein Backblech legen und im mittleren Einschub 50–60 Minuten in der Bratröhre bei 175° garen.
Dazu gibt es Stangenweißbrot und trockenen Frankenwein.

Judith Kohnert, Stockstadt

„Meefischli"

Pro Portion 8–10 kleine Ukeleis oder Rotaugen, 8–12 cm lang
Salz
Pfeffer
feine Semmelbrösel
Bratfett

Salz und Pfeffer mischen und die geschuppten und ausgenommenen Fischchen damit würzen.
In feinen Semmelbröseln wälzen, gut abklopfen und in schwimmendem Pflanzenfett bei 180° 5–10 Minuten goldbraun backen.
Die Fische sollen so knusprig sein, daß Kopf, Flossen und Gräten mitgegessen werden können.

Meefischli mit Weißbrot sind kleiner Imbiß zum Frankenwein oder Auftakt zu einem großen Fischmenü.

Gasthaus Sonnenschein, Veitshöchheim

Retzbacher Fischwürste

1000 g Fischfilets von Döbeln oder Rotaugen
Salz
Pfeffer
reichlich frische Petersilie
2 eingeweichte Brötchen
2 Eier
1 große Zwiebel
125 g durchwachsener Speck
Zitronensaft
1 EL Milch

Die Fische werden roh filetiert, die Haut abgezogen. Das Filet wird dann mit der Petersilie, der Zwiebel, dem Speck und dem Brötchen durch den Fleischwolf gedreht. Die Masse wird mit Salz, Pfeffer und etwas Zitronensaft abgeschmeckt und mit den Eiern und etwas Milch gebunden.
Die anschließend mit den Händen geformten etwa 4 cm langen und 2 cm starken Würstchen läßt man ca. 10 Minuten in Salzwasser sieden, bis die Würstchen leuchtend weiß oben schwimmen.
Die Fischwürstchen werden dann in Butter in der Bratpfanne von mindestens zwei Seiten kunsprigbraun gebraten.
Dazu reicht man Kartoffelpüree und grünen Salat. Die kalten Würstchen schmecken übrigens mit etwas Senf bestrichen ausgezeichnet.

Hans Schindler, Retzbach

Herzhafte Fischsuppe

ca. 2 Pfund Weißfische (große Rotaugen, Döbel, Barben, Brachsen etc.).
300 g geräucherter Süßwasserfisch (Forelle oder Brachse)
1½ l Wasser
Salz
Brühwürfel
1 mittelgroße Zwiebel
Suppengrün
2 EL Butter
2 EL Mehl
⅛–¼ l Weißwein
⅛ l Sahne

Wasser mit Salz, Zwiebel, Suppengrün und Pfeffer aufkochen. Die geschuppten, ausgenommenen Fische darin ca. 15 Minuten kochen. Die Fische herausnehmen, entgräten und in mundgerechte Stücke schneiden. Den Sud abseien.
Aus 2 EL Mehl und 2 EL Butter eine hellgelbe Schwitze bereiten und mit dem Sud ablöschen, den Brühwürfel dazugeben und kurz aufkochen. Weißwein und die ungeschlagene Sahne dazugeben.
Die entgräteten Räucherfische kleinschneiden und mit den gekochten Fischen in die Suppe geben. Abschmecken und bis zum Servieren bei schwacher Hitze ziehen lassen.

Familie Englerth, Estenfeld

Rotaugen-Filets

8 große Rotaugen
Salz
Pfeffer
Weizenmehl
2 EL Speiseöl
3–4 Zwiebeln
1–2 Möhren
½ l Fleischbrühe aus Brühwürfeln
½ l Weinessig
1 EL Senfkörner
2 Lorbeerblätter
½ TL Pfefferkörner
½ TL Zucker

Rotaugen schuppen, ausnehmen und unter fließendem Wasser abspülen. Kopf und Flossen abschneiden und die Rotaugen filetieren. Mit Salz und Pfeffer bestreuen und in Mehl wenden.
Öl in der Pfanne erhitzen und die Fischfilets von beiden Seiten darin goldbraun braten. Danach in eine Schüssel legen und erkalten lassen.
Für die Marinade Zwiebeln schälen und in Ringe schneiden, Möhren putzen und in dünne Scheiben schneiden.
Die Fleischbrühe mit Zwiebeln, Möhren, Weinessig, Senfkörnern, Lorbeerblättern, Pfefferkörnern, Zucker und Salz zum Kochen bringen. Etwas abkühlen lassen und dann über die Fischfilets gießen.

Die Rotaugen-Filets 1–2 Tage durchziehen lassen.
Beigabe: Röst- oder Salzkartoffeln und Pils.

Georg Sauer, Kitzingen

Gebratene Weißfische

Weißfische wie Döbel, Barben, Hasel etc.
Salz
Mehl
Milch
Paniermehl
Öl oder Butterschmalz zum Braten

Fische putzen, der Länge nach halbieren und quer in passende Stücke schneiden, salzen und in Mehl, Milch und Paniermehl wenden, dann in heißem Fett knusprig braten.
Wer dickere Panade wünscht, verwende statt der Milch Eigelb.

Walter Herz, Kreuzwertheim

Fischküchle

Rezept für 40–50 Fischküchle:
3,5 kg Brachsen, Rotaugen oder Döbel
½ Pfund Zwiebeln
½ Pfund Bauchspeck
2 altbackene Brötchen
2–3 Sträußchen Petersilie
3 Eier
Paniermehl
Salz
Pfeffer
evtl. Paprika

Die Fische werden ausgenommen und geschuppt. Dann werden sie kurz gekocht, bis sich das Fleisch leicht von den Gräten lösen läßt.
Das abgelöste Fischfleisch wird unter Hinzugabe des Bauchspecks, der Petersilie und der Brötchen durch den Fleischwolf gedreht (keinen Mixer verwenden). Es kommen die Eier und die kleingeschnittenen Zwiebeln hinzu (die Zwiebeln schneiden, nicht durch eine Presse drücken). Dem Teig wird nun so viel Paniermehl hinzugegeben, daß er sich gut formen läßt. Das Ganze mit Pfeffer und Salz (evtl. mit Paprika) abschmecken.
Die mit der Hand geformten flachen Küchle gibt man in das heiße Fett der Bratpfanne.
Die leckeren Fischküchle werden pfannenfrisch serviert.

Willi Stranzik, Würzburg

Weißfische

Barbe im Zwiebelbett

1 Barbe von 1,5–2 kg
Salz
Saft einer Zitrone
3 Zwiebeln

Für den Sud:
¼ l Weißwein
¼ l Weinessig
½ l Wasser
½ Päckchen Fischgewürz
1 Zwiebel
2 TL Salz
1 TL Zucker

Barbe schuppen, ausnehmen und gut waschen. Den Fisch quer in gleichmäßige Stücke schneiden. Fischstücke gesalzen und mit Zitronensaft beträufelt über Nacht ziehen lassen.
Am nächsten Tag einen Fischsud herstellen. Dazu die Zutaten in einem großen Topf 20 Minuten kochen und anschließend durchsieben.
Die gewürzten Fischstücke in diesem Sud bei schwacher Hitze 20 Minuten garen.
Zwischenzeitlich in 125 g Butter 3 geschnittene Zwiebeln mit 1 TL Zucker goldbraun rösten. Mit dem Fischsud löschen.
Fischstücke auf einer Platte anrichten und mit Fischsud und den Zwiebeln bedeckt servieren.
Beilage: Salzkartoffeln und grüner Salat.

Feinschmecker schätzen den Kopf der Barbe besonders. Es heißt ja so schön: Barbemäulchen schmeckt wie Kalbfleisch. Das Gehirn der Barbe gilt als Leckerbissen.

Walter Herz, Kreuzwertheim

Weißfische

Wels überbacken

1–1,5 kg küchenfertiger Wels
750 g Tomaten
200 g roher Schinken, gewürfelt
2 Becher Sauerrahm
1 EL Stärkemehl
20 g Emmentaler, gewürfelt
50 g Butter
Salz
Pfeffer
Zitronensaft

Den Fisch in große Würfel schneiden und in eine gutgebutterte Auflaufform legen. Salzen, pfeffern und mit Zitronensaft beträufeln. Die gewürfelten Tomaten und die Schinkenwürfel darübersteuen. Stärkemehl und Sauerrahm verrühren, leicht salzen und darübergießen. Obendrauf kommen der gewürfelte Emmentaler und die Butterflöckchen.
Die Form in den vorgeheizten Ofen stellen und etwa 30 Minuten backen.
Dazu reichen wir Salzkartoffeln und Salat.

Familie Müller, Marktheidenfeld

Wels

Zander mit Krabben

Für 4 Personen:
1 Zander ca. 1500–2000 g
300 g frische Champignons oder 2 Dosen Champignons
2 Dosen Eismeerkrabben à 200 g
2 große Zwiebeln
80 g Butter
1 Bund Petersilie
3 EL Tomatenketchup
8–10 große Scheiben durchwachsener Speck
Salz
weißer Pfeffer

Zwiebelwürfel in Butter hell anbraten, Champignons, Krabben und gehackte Petersilie sowie Ketchup unterrühren. Ca. 5 Minuten garen lassen, mit Salz und weißem Pfeffer pikant abschmecken.
Zander sorgfältig schuppen und küchenfertig zubereiten. In 4–5 gleichmäßige Stücke schneiden (Kopf, Schwanz und Flossen werden entfernt). Innenseiten der Fischstücke mit Salz und Pfeffer würzen.
Entsprechend große Stücke Alufolie mit Butter einfetten. Zanderstücke daraufsetzen und mit den Scheiben des durchwachsenen Specks umwickeln.
Anschließend die Füllung hineingeben und obenauf ein Flöckchen Butter setzen. Die Folie locker schließen und darauf achten, daß sie nicht reißt.
Nun die Portionen auf ein Backblech setzen und in den vorgeheizten Ofen auf die mittlere Schiene schieben. Die Garzeit beträgt 20 Minuten bei 220°.
Nach dem Garen die Folie nur oben öffnen und auf den Tellern anrichten.
Als Beilage gibt es Petersilienkartoffeln.

Helmut Röhm, Zellingen